·四川大学精品立项教材·

大学生创业概论

DAXUESHENG CHUANGYE GAILUN

陈丽莉　刘若冰　编著

四川大学出版社

责任编辑:王　平
责任校对:周　颖
封面设计:墨创文化
责任印制:王　炜

图书在版编目(CIP)数据

大学生创业概论 / 陈丽莉，刘若冰编著．—成都：四川大学出版社，2015.4
ISBN 978－7－5614－8520－0

Ⅰ.①大… Ⅱ.①陈… ②刘… Ⅲ.①大学生－创造教育－高等学校－教材 Ⅳ.①G640

中国版本图书馆 CIP 数据核字（2015）第 085869 号

书名	大学生创业概论
编著	陈丽莉　刘若冰
出版	四川大学出版社
地址	成都市一环路南一段24号（610065）
发行	四川大学出版社
书号	ISBN 978－7－5614－8520－0
印刷	郫县犀浦印刷厂
成品尺寸	185 mm×260 mm
印张	8.5
字数	183 千字
版次	2015 年 5 月第 1 版
印次	2015 年 5 月第 1 次印刷
定价	25.00 元

◆读者邮购本书,请与本社发行科联系。
电话:(028)85408408/(028)85401670/
(028)85408023　邮政编码:610065
◆本社图书如有印装质量问题,请寄回出版社调换。
◆网址:http://www.scup.cn

版权所有◆侵权必究

大学生
创业概论

大学生创业操盘实践活动第一期

大学生创业操盘实践活动第二期

大学生创业操盘实践活动第三期

大学生创业操盘实践活动第四期

大学生创业操盘实践活动第五期

SYB创业培训

大学生创业实践操盘活动指导老师现场指导①

大学生创业实践操盘活动指导老师现场指导②

序

根据《国家中长期教育改革和发展规划纲要》以及教育部《关于大力推进高等学校创新创业教育和大学生自主创业工作的意见》(教办〔2010〕3号)的有关精神,在高等学校开展创新创业教育,积极鼓励高校学生自主创业,是深化高等教育教育教学改革,培养学生创新精神和实践能力的重要途径,对提高人才培养质量和培养创新型人才具有重大意义。

近年来,为培养和提升大学生创业就业能力,鼓励和促进学生创业,四川大学着力从提升学生创业就业的方法技能、实践技能、专业技能和社会技能入手,采取多项有益措施,着力实现创业第一课堂和第二课堂的有机融合,建立健全"四川大学创新创业人才培养课程体系",并积极提供政策支持,鼓励和扶持学生创业,学校学生创业活动及创业实践蓬勃开展,取得了显著成效。

呈现在读者面前的这本《大学生创业概论》就是我校相关人员在促进大学生创新创业教育教材建设方面做出的有益尝试。《大学生创业概论》全书共7章,主要内容包括对大学生创业意义和必要性的阐述、国外大学生创业的概况和经验介绍,以及对如何寻找大学生创业机会、怎样制定大学生创业计划、如何组织大学生创业团队、大学生如何筹融创业资金、大学生如何实施创业计划书等创业教育方面的问题的系统讲解。

该书内容精练系统、深入浅出,每章后附有案例学习和复习与思考,通过大量的国内外大学生创业的生动案例,引发读者对大学生创业方面诸多现实问题的深入思考,可读性强。本书既可作为高校创业指导课程的教材,也可作为高校从事创业、就业指导工作的相关工作人员的参考读物。

应编者要求,简要地写上几句,是为序。

中共四川大学党委副书记、教授
李向成
2015年2月

目 录

1 激发大学生创业梦想 …………………………………………………（ 1 ）
　1.1 创业的内涵和意义 ………………………………………………（ 1 ）
　1.2 国内外创业现状的分析 …………………………………………（ 8 ）
　1.3 创业前的思考 ……………………………………………………（ 10 ）
　1.4 案例学习 …………………………………………………………（ 13 ）

2 大学生创业的国外借鉴 ………………………………………………（ 21 ）
　2.1 美国的大学生创业模式 …………………………………………（ 21 ）
　2.2 日本的大学生创业模式 …………………………………………（ 27 ）
　2.3 案例学习 …………………………………………………………（ 33 ）

3 寻求大学生创业机会 …………………………………………………（ 37 ）
　3.1 创业机会概述 ……………………………………………………（ 37 ）
　3.2 创业机会的发现 …………………………………………………（ 38 ）
　3.3 创业机会的选择 …………………………………………………（ 39 ）
　3.4 创业机会评估 ……………………………………………………（ 41 ）
　3.5 创业环境分析 ……………………………………………………（ 46 ）
　3.6 案例学习 …………………………………………………………（ 52 ）

4 制订大学生创业计划 …………………………………………………（ 54 ）
　4.1 创业计划的作用 …………………………………………………（ 54 ）
　4.2 编写创业计划书模本 ……………………………………………（ 57 ）
　4.3 国内外校园创业计划竞赛 ………………………………………（ 63 ）
　4.4 案例学习 …………………………………………………………（ 68 ）

5 大学生创业团队的建设 ………………………………………………（ 76 ）
　5.1 团队创业的必要性 ………………………………………………（ 76 ）
　5.2 成功创业团队的特征 ……………………………………………（ 80 ）
　5.3 同舟共济，成就梦想 ……………………………………………（ 83 ）
　5.4 案例学习 …………………………………………………………（ 85 ）

6 大学生如何筹融创业资金 ……………………………………………（ 88 ）
　6.1 传统和现代创业融资形式 ………………………………………（ 88 ）

6.2 创业投资计划和盈亏平衡点 …………………………………（95）
   6.3 风险投资和退出形式 …………………………………………（100）
   6.4 案例学习 ………………………………………………………（108）
7 大学生如何实施创业计划书 ………………………………………（112）
   7.1 新创企业的建立和运行 ………………………………………（112）
   7.2 新创企业的成长管理 …………………………………………（116）
   7.3 直面创业成败，超越创业人生 ………………………………（119）
   7.4 案例学习 ………………………………………………………（123）
参考文献 …………………………………………………………………（127）
后　记 ……………………………………………………………………（131）

1 激发大学生创业梦想

1.1 创业的内涵和意义

1.1.1 什么是创业

《现代汉语词典》对于创业的定义：创办事业。《辞海》对于创业的解释：创立基业。基业是事业的基础，而事业是基业更高的要求。依据这些词典所给出的定义，可以把创业分为广义的创业和狭义的创业。广义的创业是指成就事业。从社会发展的角度来讲，包括人类所有的创举活动，如历史上资产阶级共和国的成立，十月革命开创的社会主义事业，中国改革开放的伟大事业。从个人的角度来讲，一个人从事的工作取得了成功，成为人们常说的安身立命、成家立业的依靠。总之，广义的创业是在开创一项事业、创造社会价值的层面，这是创业的最终目的。狭义的创业是指个人或组织所从事的具有创新或创造性的以增加财富为目的的活动过程，是在赚钱盈利生存的层面。

无论广义的创业还是狭义的创业，该词的定义都可以界定为：创业者运用自己的知识或技能，通过个人及团队的努力来寻找商机、谋求发展和创造价值的过程。其中，以大学生为创业主体的大学生创业则可定义为：大学生在校期间或毕业以后，改变就业观念，不参与现有岗位的竞争，而是利用自身的知识、技能、资源为自己创立新的工作岗位，同时也为他人创造就业机会的活动。

自20世纪以来，中西方学者对于创业的内涵有不同的理解，从创业者的个性特征、新组织的创建、获利机会的识别及利用、资源的有效组合及利用等不同角度对创业下了定义、作了解释（见表1-1）。

表 1-1 不同角度的创业定义及其解释

定义视角	作　者	定义及解释
创业者的个性特征	Schumpeter（1934）	实现创新，引进新组合，具有实现"创造性地破坏"的意志与行动
	Shapero（1975）	达到某种共识的一组行为特征的人群，这些行为特征包括首创精神
	Garland（1984）	具有创新行为者
	Ronstadt（1984）	风险承担者，承担资产、时间、事业承诺、提供产品和服务的风险
	Rygrave（1989）	具有首创精神、想象力、灵活性、创造性和在变化中发现机会的能力
新组织的创建	Schumpeter（1943）	创办新企业、实现新的组合
	Cole（1968）	创业是有目的的发起、保持和发展利润导向的业务活动
	Vesper（1983）	开展独立的新业务
	Gartner（1985）	建立新组织
	The Academy of management（1987）	创办和管理新业务、小企业和家族企业、创业家特征和创业家的特殊问题
	Low & MacMilan（1988）	成功地预测未来的能力
获利机会的识别及利用	Kizner（1973）	正确地预测下一个市场不完全和不均衡的现象在何处发生的套利行为与能力
	Leibenstein（1978）	创业是超越竞争对手，更聪明和更努力地工作的能力
	Conner（1991）	从根本上说，识别合适投入的能力属于创业家的远见和直觉
	Stevenson, roberte & Grousbeck（1989）	是个人，不管是独立，还是在组织内部，追逐捕获机会的过程
	Stevenson, roberte & Grousbeck（1994）	根据已控制的资源去获取机会
	Shane & Venkataraman（2000）	创业就是发展和利用获利性机会的过程
	The US National commission on entreprenurship（2003）	不断地变化会产生创造财富的新机会，创业就是经济主体利用这些新机会的方式

续表1-1

定义视角	作者	定义及解释
资源的有效组合及利用	Schumpeter (1934)	实现创新及资源的新组合
	Morris (1998)	创业是各类资源的有效组合及利用
	Alvarez & Volery (2001)	创业是获取、利用、整合资源达成创业目标的过程
	Evans & Volery (2001)	对资源可获取性及其价值的预测，是影响创业决策的一个关键要素
	Gupta, Mac Millan & Surie (2004)	开发并转化资源是创业者领导力的一个核心维度

综上所述，创业有如下三个层次：第一个层次是生存型创业。做个普通生意人，以商业贸易为职业，以赚钱为目的，什么商品赚钱就做什么。第二个层次是事业型创业。当个合法守信的商人，以创办实体为职业，以追求利润为目的，一旦选定并融入一个职业，就持之以恒地当作事业去经营。第三个层次是使命型创业。当个伟大的企业家，以办企业为荣誉，以追求效益为目的。既考虑经济效益，又兼顾社会效益，树立正确的人生价值观，要有强烈的社会责任感，不但为社会创造物质财富，而且为企业和个人创造知名度、美誉度和精神财富，为社会做慈善事业。

1.1.2 创业者

在理解了创业的内涵和外延后，你想成为创业者吗？那么创业者应具有哪些基本素质？成功的创业者又应该具备哪些基本能力呢？

风险投资家有句职业箴言："风险投资成功的第一要素是人，第二要素是人，第三要素还是人。"在风险投资家的眼里，创业项目、商业计划、企业模式都可以根据市场的变化而改变，唯有创业者的品质在短时间内很难改变，而创业者的品质又决定企业在市场的声誉和未来的发展。因此，要求创业者应该具备如下基本素质和基本能力。

1.1.2.1 决策能力

决策能力是创业者对某件事拿主意、做决断、定方向的综合性能力。它包含准确的预测能力，善于"借脑"来帮助和判断决策方案，当机立断，科学决策。我们常说的"运筹于帷幄之中，决胜于千里之外"就是指决策能力。优秀的决策能力有助于创业者明确市场定位，快速捕捉商机。

1.1.2.2 财务管理能力

财务管理能力包括财务分析能力、财务活动能力、财务关系能力、财务表现能力。呈现在财务报表上的各种数据很复杂，创业者不一定要有专门的财务管理背景和财务事务处理能力，但自己必须能够看懂财务报表所反映的资产状况、资金流量、成本、风险以及风险和收益的关系，并预算出收益率。该省就省，该花就花，就是财务管理能力的表现。

1.1.2.3 销售与谈判能力

市场是检验产品的试金石，虽然产品的好坏由市场说了算，但其中销售与谈判能力也起着重要的作用。销售产品首先要学会销售自己，因为产品是死的，人是活的。这就要求销售人员要有先进的销售理念，具有正确的道德规范和法律意识，在谈判中，以情感人，以诚待人；同时，还要有"明知山有虎，偏向虎山行"的胆量和勇气，去说服对方，接受你的理念和产品。在正确的规范下，我们常说"把不方要说方，把不圆要说圆"或"把一根稻草要说成荆条"的宣传，就是指销售与谈判的技巧和能力。

1.1.2.4 组织协调能力

"人心齐，泰山移"，"一个篱笆三个桩，一个好汉三个帮"，形象地说明了组建团队的意义和作用。三国时期的刘备能够成功地建蜀，靠的就是三顾茅庐任用诸葛亮，并拥有关羽、张飞、赵云等人组成的作战团队。美国钢铁大王卡内基曾经说过："将我所有的工厂、设备、市场、资金全部拿去，但只要保留我的团队，四年以后，我将又是一个钢铁大王。"这都说明组建与协调一支充满活力、富有朝气和战斗力的团队对于创业来说十分重要。

1.1.2.5 筹募资金能力

筹募资金能力是指要让被借款人、投资商、金融机构认可和信任，从而接受你所提出的创业规划，获取投资者的资金援助，并在预期内能够给投资者带来理想的收益回报的能力。筹募资金的途径有：①拿自己的存款；②股东合伙投资；③借用直系亲属的资金；④借用好朋友的资金；⑤出口贸易融资；⑥靠商业信用借业务关系户的资金；⑦申请国家项目扶持基金；⑧银行贷款；⑨争取天使基金，从企业家和风险投资家那里融资。其中关于融资贷款，牛根生有过这样的形容："企业总要找马骑，企业跑在平路上的时候，找到的可能是银行的资金，它是一匹比较温顺的马；可是当你跑在山路上的时候，找到的可能是风险投资，它是一匹烈马。烈马的特点——你行的时候，你指挥它，你不行的时候，它指挥你！"

1.1.3 大学生创业者的特点

如果你想创业，那么你认真分析了你创业的优势在哪里？劣势在哪里了吗？你的机会是什么？对你的不利和威胁是什么？只有实事求是地分析自己，才能扬长避短，发挥优势去实现自己的目标。大学生创业应从优势、劣势、机会和威胁四个方面进行评估，充分认识自身所处的内外部环境，决定是否创业以及创业方向。

1.1.3.1 优势：学习能力强

（1）素质优势——有一定专业技术素质；

（2）思维优势——有活力，勇于拼搏；

(3) 身体优势——年轻力壮，精力旺盛；
(4) 有创新精神——容易接受新鲜事物；
(5) 政策优势——国家创业政策扶持。

有一项调查，即对上海13所大学一千多名学生进行了"您认为大学生最大的优势是什么？"的抽样调查：有36.2%的学生选择了"大学生学习能力强，有创新精神"；有32.4%的学生选择了"大学生年轻有活力，勇于拼搏"；有20%的学生选择了"大学生专业技术素质高"。

1.1.3.2　劣势：创业心理准备不足

(1) 社会经验不多；
(2) 人脉积淀很少；
(3) 缺乏吃苦耐劳的精神；
(4) 难以持之以恒；
(5) 不能正确对待自己和他人。

有关资料表明：大学生创业成功率低，其中本科生的创业成功率不到1%，研究生的创业成功率不到5%。2009年是上海创业带动就业最好的一年，全年4万名创业者成为新的企业主，其中尤以青年学生成为青年创业的生力军而引人注目。在成功创业的大学生中，浙江籍的人数最多，占到成功总人数的3%，而广东籍的成功率只有1%。这些数据表明，大学生创业成功率很低，而且明显处于劣势。

1.1.3.3　机会：创业机会和途径多

(1) 国家政策的扶持；
(2) 学校教育和社会帮助；
(3) 专项创业扶持基金。

《教育部关于全面提高高等教育质量的若干意见》〔2012〕4号文件提到：推动高等学校创业教育科学化、制度化、规范化建设是服务国家加快转变经济发展方式、建设创新型国家和人力资源强国的战略举措，是深化高等教育教学改革、提高人才培养质量、促进大学生全面发展的重要途径，是落实以创业带动就业、促进高校毕业生充分就业的重要措施。国家政策的扶持、专项资金的设立、学校教育的推动和社会的帮助，给大学生创业带来了新的机遇和挑战，迎来了创业的春天。

1.1.3.4　威胁：沉默成本

(1) 来自家庭和社会的压力；
(2) 来自其他创业者的竞争；
(3) 创业失败的后果。

创业的威胁主要来自非大学生的普通创业者的竞争（如下岗工人、无业者、再创业者）和家庭的压力给大学生创业者带来的心理负担（据调查，三分之二的家庭都不支持大学生创业）。另外，创业失败这个可能的后果在一定程度上也打击了创业者的积极性。时间成本、经济成本、精神损失,失败的后果谁来买单!

在分析了大学生创业的优势、劣势、机会、成本后,测试一下你自己是否适合创业?

1.1.4 创业的意义

1.1.4.1 认清创业的目的

我为什么要创业?创业的动机是引发创业行为的源头,创业依照动机不同,可以分成主动型创业和被动型创业。前者是在客观条件具备的情况下,自己主动创业;后者则是因为找不到适合自己的职业而被迫创业。

无论主动型创业还是被动型创业,创业之初都是想得到经济上的富余,改变自己的命运。一般来说,学历高的创业者更多的是主动型创业,或机会型创业,趋向于为了开创事业的追求,把创业当成一项有挑战性的工作。学历低的创业者更多的则是被动型创业,或生存型创业,更希望致富,为了生存的需要。

在这个经济时代,一切皆有可能。有位哲人说过:"世界上一切的成功、一切的财富都始于一个意念!始于一个梦想!"

伟人之所以伟大,根源于他们有一个伟大的梦想;伟人之所以伟大,根源于他们在实践一个伟大的梦想;伟人之所以伟大,根源于他们成就了一个伟大的梦想。于是有人说,人因为梦想而伟大。

比尔·盖茨在微软公司刚起步的时候,他提出这样一个伟大的梦想:让计算机进入家庭并放在每一张桌子上,最终他成功了。马云有一句话:"做你自己想做的事,做自己认为对的事,做别人不敢做的事,做别人做不好的事。李嘉诚可以,我马云也可以,那么中国80%的青年都可以。"亚洲首富孙正义有句名言:"最初所拥有的只是梦想和自信而已,但是所有的一切都是从这里开始的。"一个人的生命不是别人能够操纵的,只要你清楚自己的生活目标,拥有自己的梦想,下定决心,并且用生命去争取,你就可以得到想要的东西,过自己想要的生活。

在这里,关键是要认清创业的目的,财富始于梦想。因为在这个充满竞争、挑战、机遇和奇迹的社会里,梦想的意义是给我们一个方向、一个目标。梦想是力量的源泉,智慧的摇篮,冲锋的战旗,斩棘的利剑。梦想能激发我们的潜能,能唤起我们潜在的力量,帮助我们去战胜一个又一个困难,去实现一个又一个愿望。

人的一生有三天,昨天、今天、明天。今天的生命质量和明天息息相关,因为每一个明天都会变成今天,无数个明天组成我们的未来,无数个今天组成我们的幸福。你可以主宰你的命运!如果人生是一场戏,我们要争当主角,如果人生是一场梦,我们要笑得更甜。

1.1.4.2 识别创业的误区

(1)认为创业者需要良好的教育背景;

(2) 认为创业者一定很聪明；

(3) 认为创业者需要有很充足的资本；

(4) 认为创业必须不择手段；

(5) 认为创业的目标是一夜暴富；

(6) 认为创业者要有一种赌徒心态；

(7) 认为财富是创业者的唯一追求；

(8) 认为创业者追求的是短期效应；

(9) 往往把生意当作商业秘密。

1.1.5 测试一下你是否适合创业

要知道你是否适合创业，请参照表1-2测试一下吧！

表1-2 是否适合创业测试表

测试的问题	回答
(1) 你能否在无人监督的情况下，完成一个需要较长时间坚持的事情？	a. 能 b. 不能 c. 不确定
(2) 你觉得应该满足什么样的条件之后才可以去创业？	a. 如果我有了想法，不管什么条件都会开始 b. 有一定工作经验和资金之后 c. 我会在工作时寻找到合适的资源后才去创业
(3) 你每天需要多长时间的睡眠？	a. 不一定，我随时可以调整时间休息 b. 8小时以上 c. 6小时左右
(4) 一个男人和女朋友长期不在一个城市，你觉得会有什么结局？	a. 分手 b. 会有一人离开自己的城市 c. 不知道，随缘
(5) 如果一个人你看不惯，但他的公司却为你带来稳定收入，你会和他合作吗？	a. 当然会 b. 不会 c. 如果他没有道德问题，我会和他合作的
(6) 你时常感到孤独吗？	a. 不会 b. 会 c. 偶尔
(7) 在做一件事情的时候，你是否会想到这件事大方向上宏观的问题？	a. 会 b. 不会 c. 做完的时候可能会想一想
(8) 你经常会关注学习之外的事情并想象如果是自己会如何处理吗？比如2010年国美之争。	a. 会 b. 不会 c. 偶尔会翻报纸，但觉得和我无关

续表1-2

测试的问题	回　答
(9) 你小时候是孩子王吗？是不是很多孩子喜欢听你指挥？	a. 是 b. 我很少和大家一起玩 c. 不是
(10) 如果你的好朋友成绩比你好，你会怎么想？	a. 我要超过他 b. 无所谓 c. 好朋友成绩好，我跟他在一起，可以向他学习
(11) 你担任过班内职务吗？	a. 经常 b. 很少 c. 偶尔
(12) 如果创业失败了，你会怎么办？	a. 从头再来 b. 不再冒险了 c. 重新考虑自己适不适合创业
(13) 你在做一件事情之前会不会考虑到可能带来的变化？	a. 会 b. 不会 c. 偶尔
(14) 你业余时间喜欢主动打电话约朋友一起玩吗？	a. 经常会 b. 不会，都是他们约我 c. 很少

得分计算：a—3分；b—2分；c—1分
分析结果：
(1) 如果你的得分是13~23，你或许并不适合创业，还是找一份工作按部就班努力工作比较好；
(2) 如果你的得分是23~30，你也许更适合做一个副手，或者在大公司任职，不过如果你要创业，也可以试一试；
(3) 如果你的得分是30~42，马上去创业吧，只有创业才能活得痛快。

注：本测试表只是一个基本的人格测试，仅供参考。测试结果不代表你完全具备创业素质，只能说明你的性格适合创业或者不适合创业。

1.2　国内外创业现状的分析

1.2.1　国外大学生创业的现状

当代美国许多高科技的大公司，几乎都是大学生创业者们利用风险投资创造出来的，如Intel的高登·摩尔、Microsoft的比尔·盖茨、惠普的威廉、戴尔的迈克尔，其中戴尔是美国大学培养创业者的典范。根据美国国家创业委员会调查，美国政府制定的政策有利于创业企业的形成、创业企业的生存、创业企业的发展以及培养创业者和培养创业文化。支持大学生创业反过来对社会也产生了积极的影响，包括增加就业岗位、增加新创办企业的数目、提供咨询服务、加强竞争、促进有效市场、促进技术传播、增加社会财富。为了实现创业目标，美国政府采取的策略是：第一，将创业纳入州经济发展范畴；第二，帮助孵化创业公司；第三，为创业者及发育公司投入多元化的风险资本；第四，重点支持公立大学开展创业教育；第五，支持高等学校师生的技术商业化；第六，让管理充当创业的推手。事实上，美国联邦政府、州政府及地方政府都纷纷通过法律、法规、报告等形式支持和引导大学师生创业的发展。

据有关资料表明：在德国，每年有50%的大学生通过创业获得就业岗位，在印度的加尔各答管理学院，每年有30%的大学毕业生创办自己的企业。美国的麻省理工学院的一项统计表明：1990年以来，本校教师和学生每年创建150多个新公司，到1999年该校毕业生已经创办了4000家公司，雇用110万人，创造出2320亿美元的销售额，对美国和麻省经济的发展做出了卓越的贡献。

1.2.2 中国大学生创业的现状

根据上海市教委2009年9月29日在《解放日报》上公布的调查数据，我国大学毕业生中约占29%的人有创业意向；而在2010年1月8日公布的数据中，有创业意向的大学毕业生已经上升到39.5%。也就是说，我国的大学创业热潮在各级政府和各种社会组织的关心与扶持下正迅猛地发展起来。我们的大学教育体系中，也开始重视和增加了大学生创业指导、创业精神培养的课程，开始重视创业者目标缺失等问题。

尽管如此，目前我国的大学生创业成功率还仅仅维持在3%左右。根据上海劳动保障和人力资源部门2009年10月公布的统计结果表明，上海市居民创业活动中，大学以上学历群体的创业活动率明显低于高中以下学历群体的创业活动率，如图1-1所示。

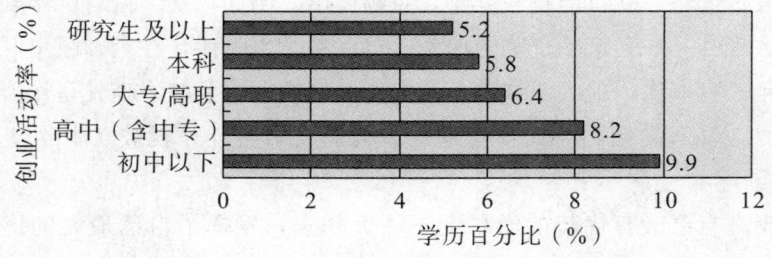

图1-1 学历与创业活动的关系

而大学生正处于16~24岁年龄段，在创业群体中相对创业比例不高，如图1-2所示。

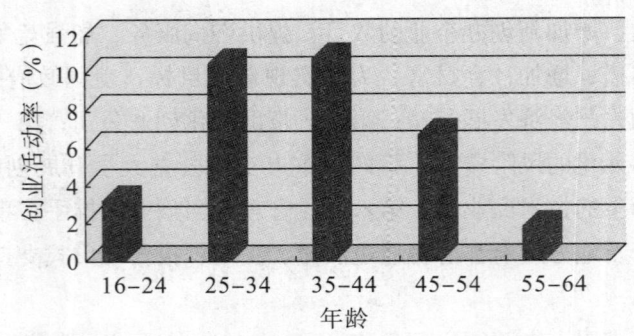

图1-2 年龄与创业活动的关系

1.3 创业前的思考

1.3.1 你是谁——认识自己

1.3.1.1 认识自己，准确定位

古人云：知之者智，自知者明。每个人都应该正确认识自己，每个人都有自己的长处、短处，金无足赤，人无完人，尺有所短，寸有所长。在创业之前，首先必须静下来，认真地思考一下自己想做什么？自己适合做什么？我的处境如何？我的优点在哪里？我的缺点在哪里？只有正确认识自己，才能扬长避短，充分发挥自己的潜能，实现自己的梦想。

1.3.1.2 扬长避短，发挥优势

一位成功的企业家说过：世界上没有人因为减少了缺点而变得成功，而通常是发挥了长处才走向成功。

每个人都有自己的优势，而自己最大的成长空间就在自己最强的领域。只要善于发现，发挥优势，就可能技压群雄，脱颖而出。例如，从"偏科少年到作家"的韩寒。韩寒现在是一名家喻户晓的作家，然而在学生时代，在老师眼里，他可是一个偏科少年。有一次，他的成绩单上竟然有7门功课不及格，唯其写作能力非常突出。初中时，韩寒的短篇小说《弯弯的月亮》《书店》等就被《少年文艺》刊物选用。

他选择在自己最有优势的学科上下了大功夫，发挥了自己最大的优势。2006年，作家出版社出版了他的21万字的长篇小说，并由北京大学中文系教授曹文轩作序，引起了极大轰动，该书一发行就销售一空。如果当时他想方设法提高自己的薄弱学科以求平衡，也许最后也会平衡发展，但就可能无今日文坛的韩寒。

1.3.1.3 有自信才会有成功

美国盖洛普公司前董事长唐纳德·克里夫顿博士说过："在成功心理学看来，

判断一个人是否成功，最主要看他能否最大限度地发挥自己的优势。"每个人自我价值的实现来源于对自身价值的认定，而人的自信来源于自己的优势，找到了自己的优势就找到了自己的信心。

自信是创业者走向成功的必备心态。"自信者不疑人，人亦信之，自疑者不信人，人亦疑之。"对自己创业能力和企业的未来充满信心，别人也会相信你，和你共同奋斗。

有了信心才有创业的高度，人的一生所能达到的高度，不会超过自己的自信可以达到的高度。如果拿破仑认为他的部队翻不过阿尔卑斯山，那么他的部队就不可能翻过阿尔卑斯山。创业者必须要有坚定的信心，才可以达到梦想的目标。

1.3.2 你将成为谁

1.3.2.1 设计未来的自己

《史记·孔子世家》里面有一句诗："'高山仰止，景行行止。'虽不能至，然心向往之。"应该说，在每个人的心里都有主观所向往的东西和自己所崇拜的人，那么你可以问自己，你最崇拜谁？你将来要成为谁？我们常说：榜样的力量是无穷的，榜样能给你一种激情、一种力量，而模仿和学习就是你成为他的开始。

1.3.2.2 找出你的偶像

每个人都有自己的偶像，当你有偶像时，你就成为偶像的粉丝。你还要拉近与偶像的距离，将现实状态与理想状态对比，找出进步的空间（见表1-3）。

表1-3 现实状态与理想状态对比

现实状态	理想状态
目前的实际情况	未来的理想状态
目前的处境	崭新的自我
认识自我	企业家的自我
准确的自画像	行动能力，理想目标

1.3.3 创业前的准备

尽管创业已成为解决大学生就业的重要途径，尽管有越来越多的优惠政策和措施为大学生创业提供便利，但创业并不是仅仅靠一腔热血和埋头行动就能取得成功的，它需要创业者具备良好的心理素质、扎实的知识储备以及丰富的创业资源。例如，大家都知道比尔·盖茨，他已经成为大学生创业致富的特例。他在创业前就已经完成了相应的职业积累，学会并掌握了计算机方面的必备知识。事实上，创业意味着变革、意味着探寻机会和承担风险，大学生创业要想取得成功，就必须做好如下准备。

1.3.3.1 良好的心理素质

第一,独立思考、判断、选择、行动的心理品质。创业的本质是创新,是在超越既有资源限制的框架下对机会的追求,因此创业要求创业者具备卓越的思考和决策能力。创业者要有创新精神,在面对纷繁复杂的市场选择和市场竞争时,能够独立、沉着、冷静地思考,制订行动方案。

第二,敢于行动、敢于冒险、敢于拼搏、勇于承担行为后果的心理品质。创业本身就是一项具有投资性质的活动,它要求创业者的创业战略要有大胆、直接追逐机会的风格,并且具有风险承担和勇于尝试的特征。

第三,敢于克服盲目冲动和私利欲望的心理品质。企业存在于一个瞬息万变的市场环境中,消费风向千变万化。因此,大学生创业者要克服盲目跟风、冲动的缺点,充分调研市场,做出深思熟虑的决策;同时,创业团队成员之间要互相了解和体谅,以团队目标为最高追求,形成共同的创业愿景,克服自私自利的心理。

第四,坚持不懈、不屈不挠、顽强努力的心理品质。许多大学生徒有创业的激情和热情,而缺乏吃苦耐劳和坚持不懈的品质,一旦创业遇到阻碍,就选择知难而退。大学生创业要有不屈不挠的精神,坚定自己的创业信念,在挫折中顽强努力,吸取教训,在创业过程中逐步成长。

第五,适应性强、善于进行自我调节的心理品质。大学生创业初期,面临着从学校环境到社会环境的转变,其角色定位也由学生变为职场新人,社交圈子和生活方式都有很大的转变。大学生创业者一定要有良好的自我调节能力,能坦然面对在创业过程中暴露出的自身能力不足,虚心接受别人的批评建议,积极去适应新的角色和环境。

1.3.3.2 创业知识储备

大学生创业应该具备丰富的经营管理知识和扎实的专业知识。而知识是人类实践过程中对于自然、社会和思维活动认知的描述。当代知识理论认为,知识可分为显性知识和隐性知识。

第一,显性知识。显性知识是指依托于具体的存储介质,能够用语言表达并识读的知识,主要表现为图书、档案、报表、公式、图案等。创业显性知识主要表现为创业指导手册、创业实践指南以及市场分析报表之类。

第二,隐性知识。隐性知识是指存在于人脑中未编码的经验性知识,隐性知识镶嵌于实践活动中,是情境性和个体化的,常常是不可言传的,如个人工作经验、工作技能、创意、判断力、责任心、客户关系等。创业隐性知识往往不是在课堂中、考试中和教师传授中获得的,而是在创业者的亲身实践中不断积累和汲取的。

第三,显性知识和隐性知识的转化。创业显性知识具有规范化、系统化的特点,易于沟通和共享,而创业隐性知识具有非编码化、非正式化、非结构化和高度个性化的特点,不能被简单的交流和分享,需要更为深入的分析和挖掘才能获得。

创业过程中存在着大量隐性知识，是创业团队宝贵的智力资本和竞争资源，因此创业团队应该重视隐性知识，将其转化为创业助推力。同时，创业显性知识和隐性知识又不是完全对立的，二者在一定条件下可以相互转化。创业过程中的隐性知识被不断地积累，以语言文字等形式存储于一定的介质上得以转化为显性知识；显性知识经过交流、分享和实践，不同的个体对其有新的感悟和认识，产生新的创意和心得，催化产生新的隐性知识。创业显性知识和隐性知识在不断的群化、外化、融合和内化的过程中循环升值。

1.3.3.3 清理你的资源

很多人在初次创业的时候，资源是十分欠缺的。因此，有效梳理、整合、利用现有资源是影响大学生创业是否成功的重要因素。根据创业活动涉及的要素，可从以下几方面来梳理自身创业资源：

第一，创业技术资源。创业技术是决定创业产品的市场竞争力和获利能力的关键因素。创业技术资源包括有形技术资源、无形技术资源、高科技资源、专业技术资源、网络资源。

第二，创业资本资源。能否快速、高效地筹集到资金是创业成功至关重要的因素。没有资金，再好的创意也难以转化为现实的生产力。巧妇难为无米之炊，说的就是这个道理。

第三，创业政策资源。优惠创业政策是大学生顺利创业的一大保障。为鼓励大学生自主创业，国家和各级政府出台了许多优惠政策，涉及融资、开业、税收、创业培训、创业指导等诸多方面。大学生要善于利用这些政策，为创业营造良好的政策环境。

第四，创业关系资源。人际关系条件对创业者十分重要，大学生创业中最重要也最薄弱的就是人际关系资源。广阔的人际关系网是大学生创业的无形财产。

1.4 案例学习

案例一：马云的创业历程

马云是阿里巴巴集团主要创始人。他的创业经历了三次。

一、创业背景

马云1964年出生于杭州西子湖畔的一个普通家庭。1982年，18岁的马云第一次高考失败，为了谋生，他先后当过秘书、做过搬运工，后来给一家杂志社蹬三轮车送书。一次偶然的机会马云在帮浙江舞蹈家协会主席抄文件的时候接触到路遥的代表作《人生》，这本书迅速改变了马云的思想，他从书中体悟到"人生的道路虽然漫长，但关键处却往往只有几步"，遂下定决心参加第二次高考。1983年，19岁的马云第二次高考依然失利，总分离录取线差140分，但受电视剧《排球女将》中永不言败的精神激励,他准备参加第三次高考。由于家人反对,马云只得白天上班,晚上念夜校。1984年,20岁的马云第三次高考艰难过关,考试成绩虽然超过了专科分数线,但离本科线还差5分,后因为相同的外语本科专业招生未满,被调配到该专业,于是他捡了个便宜,跌跌撞撞地进入了杭州师范学院外语专业(本科)。1988年,24岁的马云大学毕业后进入杭州电子工业学院(现在的杭州电子科技大学)当了一名英语教师。1988—1995年在杭州电子工业学院任教期间,马云利用业余时间在杭州一家夜校兼职教英语,同时帮助别人从事英语翻译。1995年,马云辞去大学教师工作。

二、第一次创业

1994年1月,已到"三十而立"年龄的马云开始创业,创立了杭州第一家专业翻译社——海博翻译社。1995年,"杭州英语最棒"的马云受浙江省交通厅委托到美国催讨一笔债务。结果是钱没要到一分,却发现了一个"宝库"——在西雅图,对计算机一窍不通的马云第一次上了互联网。刚刚学会上网,他竟然就想到了为他的翻译社做网上广告。上午10点他把广告发送上网,中午12点前他就收到了6个e-mail,分别来自美国、德国和日本,说这是他们看到的有关中国的第一个网页。马云当时就意识到互联网是一座金矿,开始设想回国建立一个公司,专门做互联网。马云萌生了这样一个想法,把国内的企业资料收集起来放到网上向全世界发布。于是,他立即决定和西雅图的朋友合作,一个全球首创的BtoB电子商务模式,就这样开始有了创意,并起名"中国黄页"(China Yellow Pages)。回国当晚,马云约了24个做外贸的朋友也是他在夜校任教时的学生,向他们介绍,结果23人反对,只有一个人说可以试试。马云想了一个晚上,第二天早上还是决定干,哪怕24人都反对,他也要干。"其实最大的决心并不是我对互联网有很大的信心,而是我觉得做一件事,经历就是一种成功。你去闯一闯,不行你还可以调头;但是,如果你不做,就像'晚上想想千条路,早上起来走原路'一样的道理。"马云提起当初,赞赏的是自己的勇气而不是眼光。1995年4月,31岁的马云投入7000元,又联合妹妹、妹夫、父母等亲戚凑了两万元,创建了"海博网络"。"海博网络"从此成为中国最早的互联网公司之一,产品就是"中国黄页"。1996年,32岁的马云艰难地推广着自己的"中国黄页"。在很多没有互联网的城市里,马云被称为"骗子",但马云仍然像"疯子"一样不屈不挠。他每天都这样提醒自己:"互联网是影响人类未来生活30年的3000米长跑,你必须跑得像兔子一样快,又要像乌龟一样耐跑。"然后出门跟人侃互联网,说服客户。业务就这样艰难地开展了起来。1996年营业额不可思议地做到了700万元!也就是这一年,互联网渐渐普及了。1996年3月,马云与杭州电信合作,马云的"中国黄页"资产折成60万元,占30%股份,杭州电信投入140万元,占70%股份。后因为双方经营观念不同,马云和杭州电信分道扬镳,放弃了自己的"中国黄页",并将自己拥有的21%的"中国黄页"股份，全数送给了一起创业的员工。这年是1997年，这是马云创业生涯中第一次失败，这年马云33岁。

三、第二次创业

1997年，马云离开"中国黄页"后，受国家对外贸易经济合作部（现在的商务部）邀请，加盟对外贸易经济合作部新成立的公司——中国国际电子商务中心（EDI）。由马云组建、管理，马云占30%股份，参与开发了对外贸易经济合作部的官方站点以及后来的网上中国商品交易市场。在这个过程中，马云的BtoB思路渐渐成熟——"用电子商务为中小企业服务"，连网站的域名他都想好了——阿里巴巴。互联网像一个无穷的宝藏，等待人们前去发掘，就像阿里巴巴用咒语打开的那个山洞。1999年，35岁的马云不愿再在国有企业里受条条框框的束缚、磕绊，也推辞了新浪和雅虎的邀请，决心南归杭州自己重新创业，并且令人鼓舞的是他的团队全体成员都决心跟随他创业。这年是1999年，这是马云创业生涯中第二次失败，但也是他创业成功的转折点。

四、第三次创业

1999年1月15日，马云和他的团队悄然南归。1999年2月，在杭州湖畔家园马云的家中他的创业团队召开了第一次全体会议。18位创业成员或坐或站，神情肃穆地围绕在慷慨激昂的马云身旁，聆听着他激情洋溢的演讲："黑暗中一起摸索，一起喊，我喊叫着往前冲的时候你们都不要慌。你们拿着大刀，一直往前冲，十几个人往前冲，有什么好慌的。"在这次"起事"的会议上，马云和伙伴们共筹集了50万元本钱，并按照惯例进行了全程摄像。马云坚信这次会议有着极大的历史价值。在这次会议上马云说："我们要办的是一家电子商务公司，我们的目标有三个：第一，我们要建立一家生存102年的公司；第二，我们要建立一家为中国中小企业服务的电子商务公司；第三，我们要建立世界上最大的电子商务公司，要进入全球网站排名前十位。"从这天开始，马云便铁下心来做电子商务。尽管只有50万元创业资金，但马云首先花了1万元从一个加拿大人手里购买了阿里巴巴的域名，并细心注册了 alimama.com 和 alibaby.com。他们没有租写字楼，就在马云家里办公，最多的时候一个房间里坐了35个人。他们在马云家里每天疯狂工作16~18个小时，日夜不停地设计网页，讨论网页和构思，困了就席地而卧。马云不断地鼓动员工："发令枪一响，你可不能有时间去看对手是怎么跑的，你只有一路狂奔。"又告诫员工："最大的失败是放弃，最大的敌人是自己，最大的对手是时间。"阿里巴巴就这样孕育、诞生在马云家中。1999年3月，阿里巴巴正式推出，并逐渐为媒体、风险投资者关注。在拒绝了38家不符合自己要求的投资商之后，于1999年8月接受了以高盛基金为主的500万美元投资，于2000年第一季度接受了软银的2000万美元投资。由横空出世、锋芒初露，到气贯长虹、势不可挡，直至成为全球最大网上贸易市场和全球电子商务第一品牌，并逐步发展壮大为阿里巴巴集团，成就了

"阿里巴巴帝国"。从1995年初次接触网络到1999年阿里巴巴问世,马云用了5年的时间,经历了两次失败,才获得了第一阶段的成功。从马云的第一阶段创业历程中我们可以看出,马云具备这样几大品格:

(1) 不甘落后,永不放弃。三次高考和两次失败只是更加激励了马云坚持不懈、必须成功的信念。

(2) 反应敏锐,思路清晰。马云善于发现和把握网络发展的规律,从中国黄页,到阿里巴巴,到淘宝,到支付宝,都验证了这一点。

(3) 胆大心细,一往无前。马云先是作为杭州十佳教师辞职下海,然后离开和杭州电信合作的中国黄页,再离开和外经贸部合作的中国国际电子商务中心(EDI)。一是大胆,一往无前,不留退路;二是心细,虽然离开,但心中已经酝酿了一盘更大的棋局。

(4) 激情四射,魅力服人。马云先后离开了与杭州电信和外经贸部合作的公司,他手下的员工都愿意放弃更好条件而甘愿吃苦受累追随他重新创业,当年创业的18个人至今仍然追随马云发展。例如,他通过个人魅力和激情吸引某国际风险投资公司的亚洲代表蔡崇信放弃工作而追随了他;他六分钟搞定软银孙正义2000万美元的风险投资。

(5) 相信自己,理智分析。马云对自己有超级的自信,在阿里巴巴创业的第一次会议上马云就预告了未来,要求全程摄像,以此作为历史见证。很多人说马云狂妄,但马云说过自己创立"海博网络"的时候靠的是勇气和眼光。在阿里巴巴创业初期,马云要求合作伙伴"用闲钱投资,不允许借钱,因为失败的可能性极大"。马云很自信,相信这是他基于理智分析的结果。现在,阿里巴巴、淘宝网、支付宝已经成为阿里巴巴集团最具有竞争力的品牌。一个人成功一次是偶然,但是自阿里巴巴创业成功至今的不断发展,我们不能不说马云不仅有大胆和自信,而且还有智慧和理智。

五、启示

马云的成功绝非单单因为他比我们早创业10年!也许你认为马云恰逢时运,你生不逢时;也许你认为马云资金雄厚,你身无分文;也许你认为马云运气高照,你霉字当头。但是,你不要忘了马云两次高考落榜、做过搬运、蹬过三轮、当过小贩;你不要忘了阿里巴巴创业之始,35个人挤在一个房间里,大家要集资才能创业,马云要靠借贷才能发工资;你不要忘了马云的"中国黄页"推出之初,很多人说他是骗子。马云的创业成功绝非偶然,那是智慧和勇气的结晶,那是信心和实干的结果,那是领袖和团队的无间结合。

马云给我们的意义正如他自己所说过的那样,"如果马云能够成功,我相信中国80%的人都能成功"。如果你能像马云一样敢思、敢想、敢说、敢做、敢为天下先,那么你也可能实现自己的"阿里巴巴帝国"。

案例二：顾峰——大学毕业后就开始创业

顾峰在上海大学材料与工程学院毕业后，就开始创业，开办了自己的公司，成为"上海顾峰工业刀具有限公司"的创始人。由于起步阶段缺乏经验，最初的启动资金都被用来购置设备，致使企业在资金周转上发生了困难；同时他新接下的订单需要重新购置设备，而货款还有好多没有收回。一筹莫展之际，他找到了创业导师郑捷，并请郑总创办的上海捷联投资咨询公司给他的公司做一个企业诊断。

创业导师郑捷首先看了他的会计报表，发现他的现金流量很少，认为他目前首要任务是先收回应收的账款，等银行账目上现金流动较为频繁时，便可以申请小额贷款，再购置设备。因为银行贷款就是要看企业的现金流量状况是否良好，这是衡量一个企业还款能力的主要标志。

顾峰采纳了导师的意见，一个月后果然收回了很多应收货款。后来聘请咨询人员到他公司实地考察，指出他的财务管理尚欠规范，又给他提出了整改意见，并且耐心地给他解释"财务风险是企业失败的第一要素"的道理。顾峰又对企业财务进行了整改，一个月后，他通过了银行的审核，并获得了30万元的小企业贷款。

这笔贷款解决了资金周转问题，他购置了急需的设备，接到了新的订单。一方面提高了企业的经营能力，另一方面也使企业管理更加规范化。

第二年，他的资金情况不错，完全有能力按时还贷。但创业导师分析了他的情况之后，建议他借新还旧，以免再次造成资金的周转问题。顾峰很高兴地采纳了创业导师的建议。

目前，顾峰的公司在创业导师的辅导下，通过自身的不断努力，固定资产已经由开业时的50万元增加到了500万元，也及时还清了贷款；从业人员从最初的10名增加到了50名；产品遍及江浙沪的模具厂及汽配厂。

此外，创业导师还提示：目前政府对大学生创业的扶持力度很大，创业前贷款、小企业贷款等都很优惠，而且还有免息的奖励政策，希望你能用好政策，而不是依赖政策。

复习与思考

1-1 请你算一笔账（人生在世要算账，糊里糊涂过不好！不算不知道，一算吓一跳）。

请问：一个家庭一辈子最少需要多少钱才能生活得富裕一些？在国内大城市，假若一个人上小学、中学、大学，到研究生毕业，25岁之前的学习和成长费用全部由父母买单。25岁开始工作，65岁退休养老，平均活到85岁。他一生工作40年，责任消费年限是60年。按一个人一生供养3个人（自己、爱人、小孩或父母），考虑到通货膨胀、物价逐步上涨的因素，以中等（而不是富翁）生活水准计算，一个人或一个家庭的消费情况应该是这样的：

(1) 用在吃方面,每人每天 30 元标准,一个人月消费支出 30×30=900 元。

(2) 用在非经营性通信方面,每人每月 200 元标准。

(3) 用在普通交际、娱乐、旅游方面,每人每月 500 元标准。

(4) 用在中档形象打造(服装、服饰、洗浴、美容美发、化妆护肤品)方面,每人每月 200~300 元标准。

(5) 用在常规医疗保健方面,每人每月 500 元标准。

(6) 在没有购买家庭小汽车时,每人每天预计出租车和公交车费用 20 元,每月需要 600 元。

以上 6 项合计,每人月均消费支出为 2900~3000 元。

(7) 家庭互联网、水、电、电视、物业费用:每月消费支出 300 元。

(8) 家庭住房:在没购置房屋之前,每月租房费用保持 1000 元。

以上 8 项合计,一个家庭(3 人)月均消费支出为:

2900 元×3+300 元+1000 元=1 万元

(9) 用在受教育(从上幼儿园到小学、中学、大学、研究生、成人后续教育)方面,每人一生按 10 万元预算,一个家庭的教育消费支出共需 10×3=30 万元,平均每年 5000 元。

(10) 家具、家电、厨具、洁具、灯具、床上用品等,一次拿出 5 万元购置,每 10 年更换一次,60 年需要 60÷10×5=30 万元,平均每年支出 5000 元。

(11) 保障支出方面,一个家庭每人每年投交社保、医保或商业人寿保险 0.5 万元,3 人合计 1.5 万元。

(12) 其他支出方面,每年预算 5000 元。

以上 12 项合计,一个家庭年均消费支出为:

1 万元×12+0.5 万元+0.5 万元+1.5 万元+0.5 万元=15 万元

(13) 家庭购房:按中等面积 100~120 平方米,北京、上海、广州、深圳每平方米 20000 元左右,从东部沿海城市到中部城市再到西部县城,逐步递减,最低为每平方米 1000 元。现以均价 5000~6000 元计算,需要 60 万元;装修费用按房子价值的 15%计算,一次需要 9 万元,每 10 年重新装修一次,60 年需要装修 6 次,费用 9×6=54 万元。所以,购房、装修费用共需要 114 万元。

(14) 购买、使用家庭小汽车方面,一次购买 20 万元左右的小汽车,每 10 年更换一次,60 年需要 60÷10×20=120 万元(即每年折旧消费 2 万元);每年养车费用预算 1.8 万,60 年需要 108 万元。所以,两项共需要 228 万元。

(15) 儿女结婚资助方面,预算 20 万元,其余通过商业保险解决。

据报道,在广州,若按照目前的平均水平,一个男人想要结婚成家,最少需要花费 106 万元。当然其他小城市可能要少许多。

(16) 家庭成员突患重大疾病,需要支付的高额医疗费用预算为 20 万元,其余的通过医保解决。

综上，要维持一个中等的家庭消费，60年共需要：

15万元×60+114万元+228万元+20万元+20万元=1282万元

剔除租房和出租车费的重复计算部分，大约就是1200万元。

这就是说，一个三口之家如果按照40年工作时间计算，平均每年要挣到15~30万元，才能保证始终生活得富裕一些。

那么，我们如果长期做一个普通的打工者，我们能不能实现以上的梦想呢？

由此可见，要想过富裕的生活，其消费压力确实催人思考。消费拉动社会需求，消费刺激国民生产，消费刺激我们要快挣钱、多挣钱，同时消费也刺激个人财富、家庭财富、全球财富增长。我们每个人不一定都要梦想成为千万富翁、亿万富翁，但我们最起码要通过自己的努力过上相对富裕的幸福生活。所以，只有我们勇于去创业，才会实现人生梦想！

1-2 请你填表，认识自己。

（1）首先认真填写表1-4，同时让了解你的家人和同学也给你写一份，互相打分，看看你的自我认识与你在他人眼里的印象是否一致？这样会帮助你正确地认识自己。表中，5表示非常符合，4表示比较符合，3表示一般，2表示比较不符合，1表示非常不符合。

表1-4 正确认识自己分析表

姓名： 日期：

	详细内容	符合程度
优点		5 4 3 2 1
缺点		5 4 3 2 1
综合评价		5 4 3 2 1

（2）你想在未来如何描述你的一生？你将来要成为什么样的人？认真填写表1-5。

表1-5 创业者思考题

姓名： 日期：

		满意度
描述一下现在的你		满意（A），一般（B），不满意（C）
		自信度
描述一下未来的你		自信（A），一般（B），不自信（C）
列出你要联系的人的名单	姓名 目前职业职务 电话 地址 1. 2. 3.	

（3）认真填写表1-6，并且保存起来，到既定日期对比一下。为了实现这个目标，应该多联系什么样的人呢？目标一定要明确，并且规划越具体越详细越好。

表1-6 人生规划设定表

姓名： 日期：

	五年后达到	明年达到	今年达到	本月达到	本周达到
生活目标					
家庭目标					
教育目标					
经济目标					
个人发展					

2 大学生创业的国外借鉴

2.1 美国的大学生创业模式

在 2010 年 8 月 6 日,一名叫朱丽·墨菲(Julie Murphy)的美国女孩在国内某地方集市上售卖柠檬水,由于没有缴纳 120 美元的卫生执照费用,她遭到了地方卫生管理员的驱赶。该女孩的这一遭遇在网络上引起了大家的关注,人们纷纷谴责当地管理部门无权驱赶小女孩,并称这样的官僚主义扼杀了小女孩创业的热情。而后,这件事情也引起了当地管理部门的高度重视,当地最高地方官亲自向这名女孩的母亲道歉,并要求当地的管理机构在执行相关法律时应倍加谨慎,要积极鼓励公民创业而非阻碍公民创业。

在美国,摆摊售卖柠檬水是一件经典并且有代表性的事情,很多美国孩子都有和其他小朋友一起在街边售卖自制的柠檬水、曲奇饼的经历,这种经历给了他们一种创业的体验。对于绝大多数美国人而言,从小就不乏冒险精神,但他们仍然非常注重对孩子的创业启蒙教育以及创业精神的培养。很多美国小学也会通过这种组织学生售卖柠檬水或零食自筹善款的方式来完成对学生的慈善启蒙教育。为此,有人还特别开发了一套售卖柠檬水的经济学游戏,用以模拟这种最初级的创业模式。可见,美国在对孩子的启蒙教育中非常注重创业精神的培养,而通过大学生创业脱颖而出的美国企业家更是在全球都有着极大的影响力和号召力。①

2.1.1 美国大学生创业环境介绍

2.1.1.1 文化背景

美国是一个崇尚自由与冒险的国家,其核心价值观就是独立和奋斗。正如上文那个名为朱丽·墨菲的小女孩,父母不会觉得她的想法与做法是异想天开,反而会非常支持她,大部分美国民众也非常支持这样的行为,可以说美国人的创业精神是有着深厚的社会文化底蕴的。根据全球创业观察(GEM)的统计,有超过 43% 的美国人相信他们身边有非常好的创业机会,这个数字已经比 2011 年上升了 20%,

---

① http://www.inc.com/news/articles/2010/08/lemonade-stand-goes-sour-for-7-year-old.html.

在 2012 年，有 56% 的美国人认为他们有能力去创业。大部分美国人与生俱来就非常具有冒险精神，并且个人创业在美国是极为普遍和引以为荣的事情。

在鼓励自主创业方面，美国更是鼓励创业精神的典型国家。哥伦比亚大学的 Amar Bhidé 提出，美国社会一直崇尚冒险、独立的精神，而这种"敢于冒险"的精神促使了美国创业精神的形成。美国人超乎寻常的乐于尝试所有的新产品，即使他们需要重新自学新的技能才能操作新产品以及需要耗费自己储蓄资金来使用新产品，他们还是乐于不厌其烦地促使生产商改进产品。例如，苹果公司在 iPhone 上市的第一周，其销售数量就达到 50 万部。

美国虽然只有 200 年的历史，但这 200 年的历史就是一部美国人民的移民史，而大量移民的到来，也带来了大量的工作需求和工作机会，所以这 200 年的历史也是美国人民的创业史，使美国成为世界闻名的创业者的天堂。根据创业研究机构 Startup Genome 和西班牙电信的一项最新研究显示，全球 20 大创业胜地中，美国有 6 个城市及地区榜上有名，这 6 个城市及地区按排名顺序依次为硅谷、洛杉矶、西雅图、纽约、波士顿、芝加哥，我们熟知的 Apple、Facebook、Microsoft、Amazon、Groupon 等大型企业都是在这些城市及地区中孕育诞生的。

从微软、苹果到 Google、Facebook 的成功不难看出，美国社会对创业型企业的推崇，其创始人也成为美国的民族英雄和世界偶像。从美国文化的角度来看，美国国内的文化对创业企业家也十分宽容，许多企业家都会经历多次失败并一次次东山再起直至成功。乔布斯从创建苹果到退出苹果，创建福克斯再到重返苹果，带领其走出低谷创造辉煌业绩的道路正是很多美国成功的创业企业家所走过的。也正是这种"崇尚冒险，鼓励创业"的文化存在，才带动并鼓励了更多的年轻人和企业家进行创业或再次创业。

2.1.1.2 政策环境

第二次世界大战后，美国在全世界确立了经济霸主地位，并且建立了以美元为主导的布雷顿森林体系。但由于制度本身的缺陷，美元危机与美国经济危机频繁爆发，资本主义世界的经济此消彼长，1973 年雷顿森林体系宣告崩溃。美国为了重新树立其经济霸主的地位，对内放宽对市场经济的干预，鼓励中小企业的发展，为美国大学生自主创业提供了良好的政策环境。正是在这段时期，涌现出如比尔·盖茨、史蒂夫·乔布斯等一大批创业成功的企业家，他们所创立的企业如今已成为大型跨国企业。

1953 年，美国国会通过《小企业法》，授权联邦政府成立了小企业管理局（SBA），这是美国创业史上的标志性事件。而后，白宫和国会又分别设立了各自的小企业委员会，旨在帮助一些有意向创业的小企业者创办自己的企业。时至今日，小企业管理局已成为美国最大的创业投资提供方和独立融资机构。

1958 年，小企业管理局根据国会颁布的《小企业投资法》实施了"小企业投资公司计划",进一步对创业型企业提供投资支持。

1974年,《雇员退休收入保障法》(ERISA)对吸收养老金投资的私募基金做出了资质和间接的监管要求。例如,要求此类私募基金管理人要承担较高的受托义务;如果私募基金没有往期的业绩记录,则难以向养老金计划范围内的投资人进行发售。对此,不少私募基金将ERISA监管的投资者单列为一类,并为之设置专门的投资结构。

1977年,美国实施《社区再投资法》,鼓励社区银行向该社区的居民及中小企业融资。

1979年,《雇员退休收入保障法》允许养老基金进入风险投资领域,这也为创业者增加了一条重要的融资渠道。

1980年,《小企业投资鼓励法》在政策层面进一步解除了对小企业投资的限制,鼓励对小企业进行投资。

1982年,美国国会通过《小企业创新发展法》,正式开始实施"小企业创新研究计划"(SBIR),鼓励小企业进行创新研究,并对其创新产业转移提供支持。

在1982年颁布的《小企业创新发展法》中还进一步规定,研究或开发预算额超过1亿美元的联邦机构要设立小企业革新研究项目,承担研究任务的政府部门,如国防部、教育部等,要从每年度的研究与发展经费中提取1.25%用来支持小企业的创新研究。1992年,国会更是将这个比例提高至2.5%。值得注意的是,这些资金采用捐赠或者合同约定的方式交付给小企业,而不是采用入股的形式进行,也不对利用这笔资金研发出来的项目的知识产权拥有所有权。这样就极大地消除了创业者对因利用这项投资而害怕自己的企业被控股或并购的担忧。

1992年,《小企业股权投资促进法》进一步对上述的计划进行了改革:一是投资方式的改变,过去是由政府为小企业提供直接的短期贷款,现在是由政府通过在资本市场发行长期债券的形式提供投资;二是进一步提高了小企业投资公司的各种准入标准。"小企业创新研究计划"主要投资的是创业企业初期创业计划,这与一般投资公司对企业进行后创业投资形成了有效衔接。

同年,根据《小企业技术转移法》实施了"小企业技术转移计划"(STTR)。该计划规定,联邦政府机构必须拿出一部分其研究计划与小企业进行合作,从而促进小企业更好地实现技术转移。

2000年12月,又实施了"新兴市场创业投资促进计划"。该计划弥补了传统的股权融资在中低收入地区的不足,为中低收入地区的小企业提供了优良的创新环境,并为居民创造了大量的就业机会,从而进一步促进了美国创业经济的发展。

2.1.2 美国大学生创业教育简介

在过去几十年中,创业教育在美国的高校中蓬勃发展,越来越多的美国高校将创业教育作为一种培养大学生行为模式的课程，而不仅仅是指导学生如何去创办属于自己的企业。

美国大学在近20年间，尤为重视创业教育，特别是商学院和工程学院，成了创业教育发展最快的领域。如今，创业教育在美国已形成了一个比较科学且完善的教育体系，其内容涉及从初中到研究生的各个阶段。比较有名的例子有：在仁斯利尔理工大学中，该校的创业教育中心主任就由商学院院长亲自兼任。百森商学院的立校之本就是创业教育，并和伦敦商学院共同承担一年一度的全球创业观察（the Global Entrepreneurship Monitor，GEM）项目等活动。

除大学重视外，美国政府为推动创业教育的发展还设立了各种形式的基金。这些基金旨在鼓励接受创业教育的优秀学生、支持创业教育课程的发展和赞助创业教育竞赛等。值得注意的是，除政府投资外，社会组织和企业等亦纷纷提供经费成立相关的基金。

2.1.2.1 美国大学创业教育类型

美国大学创业教育可分为两种类型：面对所有学生的普及性创业教育和面对部分学生的聚焦性创业教育。

所谓普及性创业教育，顾名思义，就是为所有人开展的创业教育，主要可分为磁铁式、辐射式和混合式三种模式。

磁铁式创业教育模式是先在商学院或管理学院成立创业教育中心，然后创业教育中心像一块磁铁一样，吸引来自全校范围不同专业的学生，整合全校创业教育的资源，负责整个创业项目的规划和运作，但又不会涉及商学院或管理学院内部的经费与师资等方面的变革。该模式不仅保证了商学院或管理学院创业教育的开放性，也同时保证了运行的便利性。百森商学院的创业教育是该模式在美国的典型代表。

辐射式创业教育模式与磁铁式创业教育模式最大的不同是，其提供创业教育的主体的多元性，即除去商学院或管理学院专业的创业教育外，各院系根据自身的特点为本院系的学生提供独具特色的创业教育课程。与此同时，为防止创业教育资源的分散，采用这种模式的高校，往往还会设置一个创业教育管理行政机构，负责统筹安排资金、教学资源和协调各院系创业教育机构之间的关系。该模式的典型代表为美国的康奈尔大学，康奈尔大学有九个院系向学生提供创业教育课程，每个承担此课程的院系都有独立的资金和资源保障。

混合式创业教育模式，顾名思义，就是把普及性和聚焦性这两种不同类型的创业教育集合在一个高校内，根据学生专业的不同，分别为其提供或普及性或聚焦性的创业教育。该模式综合了普及教育和专业教育。

聚焦性创业教育是一种传统的创业教育类型，由商学院或管理学院负责创业教育所需要的资金、师资、课程安排等，而其学生范围则严格限定在商学院或管理学院内的学生。这种类型与普及性创业教育最大的不同是，学生需要通过严格的筛选,其课程内容也往往更具有专业性和可使用性。这种创业教育类型使创业成为一门独立的学科,而接受过这种教育的学生,其创业率和创业成功率往往都非常高。哈佛大学就是这种创业教育类型的典型代表。

2.1.2.2 美国大学创业教育课程设计

在美国大多数大学中,创业教育往往已成为一门专业,或作为某专业的研究方向,部分名牌大学还设立了有关创业的专业学位。根据文献资料统计,开设创业课程的美国高校已超过1100所,其中50%以上开设了至少4门创业方面的课程,加利福尼亚大学洛杉矶分校竟超过24门。哈佛商学院改普通管理学为"创业精神管理学"。卡耐基梅隆大学、得克萨斯大学、科罗拉多大学的创业教育中心建有创业孵化器和科技园,把创业作为学科专业来研究,开设系列创业课程和开展系统训练,让大学生在校学习期间就能积累足够的创业实战经验。其他的著名大学,如芝加哥大学、麻省理工学院、斯坦福大学等也是如此。在美国,由私人咨询公司、社区和行会提供的创业培训研修班也比比皆是。

美国在大学生创业教育与实践中以案例为主,如亚马逊书店、英特尔公司、微软公司(杰夫·贝佐斯、摩尔和葛鲁夫、盖茨和艾伦)等案例都被列入教材而引入课堂,用知名企业家的亲身经历为大学生分享经验,提升大学生的创业自信。创业教育课程还分别采用创业计划竞赛、专家咨询答疑、企业商家实践、计算机模拟创业等一些操作性强的教学方式,比如百森商学院就设计了一个著名的创业课程教学大纲和独一无二的外延拓展计划。据统计,百森商学院的本科毕业生有25%的毕业论文与创业有关。

美国大学在创业教育课程设计和实践过程中,逐步形成了自己的特点和经验。例如,通过创业教育,促使学生从被动转变为主动;通过创业实践活动,学生获得了创业所需的基本技能;通过系统培训,培养了一支教授大学生创业教育课程和进行实践工作的师资队伍;通过社会部分资金资助,社会各界在大学生创业教育与实践中发挥着积极的作用,学校的创业教育与实践活动充满着生机。时至今日,美国的创业教育不再只是高校的一门专业,而已成为美国经济复苏的强大原动力之一。

2.1.3 美国大学生创业机会介绍

2.1.3.1 企业孵化器提供创业机会

作为给大学生创业提供机会的企业孵化器,正是起源于美国。企业孵化器旨在为创业型企业营造一个健康成长的环境,通过提供相关服务,降低新办企业的成本,转移和分担一部分创业风险,从而扶持中小企业成长,促进其技术转移,鼓励其创业。按照资金来源不同,孵化器又有以下几种类型:

(1) 非赢利型的孵化器。这类孵化器一般由政府和非营利性组织为鼓励创业、创造就业机会、促进当地经济多元发展和扩大税收来源而创办。同时,这种模式既利用了闲置的资源，又使得创业企业产生了集聚效应，从而促进了当地经济的繁荣和发展。

（2）赢利型的孵化器。这种模式一般由风投、大企业出资。他们主要瞄准的是企业的新技术应用和技术转移产生的高额利润和发展前景，同时也为这些无资本创业的中小企业家提供一个实现理想的创业机会。

（3）学术机构创办的孵化器。一般是由高校、研究所等创办，旨在吸引高端人才和高科技项目，促进高校、研究所的产业转移，扩大高校、研究所与工商业界的联系等。

（4）公私合营的孵化器。这类孵化器是由政府、非营利性组织、企业和个人共同出资合股兴办。这种模式不仅能享受政府的种种政策优惠，也能使创业者从企业或投资人手中获得相关的资金，从而更好地促进企业发展。

2.1.3.2 校友对大学生创业的支持

在美国，不少高校还充分利用校友和毕业生这一宝贵资源，通过校友会和有所成就的毕业生组建的援助团体或基金，将创业教育与扶植创业有机地结合起来。例如，百森商学院和赛德商学院在创业教育支持体系构建中，校友资源就是其中的重要一项。百森商学院的校友为母校的创业教育建立了各种场所，如阿瑟·布兰克创业中心、百森创业经验实验室（EEL）；赛德商学院的校友为母校创立了赛德商学院校友年度基金，对母校创业教育的开展提供一定的资金支助。

2.1.3.3 创业计划竞赛

美国的大学生创业计划竞赛是通过比赛的形式，将大学生自己的创业计划书或者新产品、新服务等进行展示，评选出优秀者，并在相关赞助方的赞助下，使其创业计划获得投资，从而实现大学生的创业梦。大学生创业计划竞赛不同于其他普通意义的专业性比赛，它架起了大学生和社会之间的桥梁，使很多企业、投资者看到了大学生非常可贵的创业计划和新产品、新服务的设计理念。对大学生个人来说，这一竞赛是他们快速实现创业梦的有效途径。可以说，大学生创业计划竞赛已经成为美国经济发展的重要驱动力。

2.1.4 美国大学生创业融资渠道

创业启动资金是大学生创业成功的关键因素之一，也是大学生创业面临的最大困难之一。在美国，政府、企业、学校为大学生融资提供了很好的渠道。

2.1.4.1 政府对大学生创业融资的帮助

早在1953年，美国就设立了小企业管理局，成为美国大学生创业的重要融资渠道。值得注意的是，小企业管理局并不是直接向中小企业提供资金，而是通过商业机构对其提供支持，比如与商业银行合作，为小企业提供贷款担保等。在美国，不仅有全国性的金融担保体系，也有地方政府加以操作的地方性担保体系，甚至还存在社区的担保体系。

创业型企业还可以通过美国风险投资市场（世界上最发达的风险投资市场），采用 IPO（首次公开募股）来进行创业资金的募集。也可以通过成熟企业、NGO 机构等进行合作洽谈，如果对方感兴趣，则与其采取出让股权、合资等形式获取创业的启动资金。

此外，美国政府还采用税收优惠、政府补贴、预签购货合同等帮扶政策直接鼓励大学生创业。同时，对大学生创业较多的高技术企业，美国政府还规定按照比例给予资助和发展经费，促进风投进入该领域。在 2009 年美国的经济复苏计划中，还对小企业提供了为期 6 个月、偿还款期限最长可延至五年的免息贷款，从而帮助这些小企业度过了全球金融危机的难关。

2.1.4.2 其他机构的支持

在美国，除了政府支持外，高校、各基金会、州政府等都对大学生创业提供了不同程度的支持。例如，美国各大高校都设立了不同规模的创业基金，为有志于创业的团队和学生提供资金支持。创业还得到了社会各界的广泛支持，自从 1951 年成立了第一个社会性质的赞助创业教育基金会——科尔曼基金会（Coleman Foundation）以来，美国陆续出现了许多支持创业的基金会。美国国家科学基金会设立了一项名为"小企业创新研究计划"的项目，通过提供开办经费、协助其发行公共股票、提供资助和贷款方式等鼓励创业者进行创业。各州政府为支持小企业的开办，还进行了免税工业集资债券的发行。此外，社会风险投资基金也参与大学生创业实际运作。例如，许多硅谷著名的公司，在其创业阶段，正是由于风险投资机构的投资，才使其达到了现在的规模。可以说，风险投资基金的参与是美国大学生创业非常重要的融资渠道。

2.2 日本的大学生创业模式

日本大学生创业的发展与日本经济的发展息息相关、密不可分，特别是 20 世纪 90 年代初，日本泡沫经济崩溃后，大学生创业对日本在消除失业、实现社会稳定、促使产业结构调整和支撑经济增长等方面起到了不可或缺的重要作用。同时，日本与中国同处于东亚文化圈，其国民对创业的价值观念比较类似。因此，应对日本的大学生创业模式进行认真探讨和分析，其中有我们在大学生创业教育中可以借鉴的宝贵经验。

2.2.1 日本大学生创业环境介绍

2.2.1.1 社会经济文化环境

日本的经济复兴主要是从 20 世纪 50 年代开始的，当时日本的就业人口为

4500万人，从事主要生产的人占就业人口的三分之一。随着日本经济的不断发展，从事新的第二三产业的人口逐年增加，同时从事第一产业的人口不断减少。在第一产业渐渐衰落的过程中，第三产业就成为日本的支撑产业。在1998年，日本的第三产业人口达到了1653万人，超过了当年制造业的1652万人。这为日本大学生进行自主创业提供了产业基础。

20世纪90年代初，日本泡沫经济破灭，传统产业失去优势地位，长期的经济萧条迫使日本寻求产业结构的调整。与此同时，日本科技立国政策的推出促进了科技进步，推动了新兴产业的形成与发展。风险企业作为日本未来经济的催化剂，以强劲势头得到发展。特别是一些大学的风险创业企业，利用高校的知识资源和人才优势，把研究成果转变为市场化产品。风险企业的诞生和发展实现了高校与产业的良性互动，各大学围绕着建立风险企业而提出了创业人才计划，并努力加以实践。同时，日本政府也在整合社会资源、促进技术转移、开发具有高度发展潜力的新兴产业中发挥了重要作用。目前，日本已形成了"产官学联合"模式的国家创新体系。日本政府科技立国的政策导向极大地刺激了大学创业企业的涌现与发展。

但是，日本大学生创业也面临着以下诸多困难：

第一，产业结构的限制。与美国相比，日本企业新陈代谢的速度比较慢，时至今日，整个日本经济仍然是以先进制造业为核心的，丰田、索尼、松下、富士通、夏普、新日铁等制造企业是日本经济的支柱。相比而言，金融和互联网业已经逐步成为美国经济的发动机，制造业所占的比重日益降低。虽然美国经济也经历衰退，但是新兴的IT产业开始为美国经济注入巨大的活力，包括苹果、谷歌、微软、亚马逊等企业对美国经济的贡献有目共睹。制造业在日本经济中所占的比重要远远高于美国，但恰恰是发展迅速的IT行业而非传统的制造业，才是大学生创业最活跃的重要领域。所以，产业结构成为日本大学生创业难题的一个重要原因。

第二，三菱、索尼、松下、三洋等大企业垄断了日本社会的太多资源。在日本，大企业之间存在着千丝万缕的财阀关系，相互盘根错节，往往一两家大型企业就垄断了整个产业链。这在一定程度上使得大学生创业面临的竞争和困难，要远高于其他国家。

第三，从日本人口发展情况看，出生率和死亡率同步降低，已步入一种"少子化"与"老龄化"并存的社会。在这种社会里，大学生往往是毕业就面临着养家糊口的重要问题，而日本企业恰恰有着根深蒂固的"终身雇佣制"，在制造业为主导的时代，这种制度确实能大大减少员工因频繁跳槽所导致的社会资源浪费。但是，从创业角度来说，这种制度却大大消磨了大学生的冒险精神，而创业恰恰需要的就是一种冒险，因为有了冒险才能有创造力。

除此之外，有报道指出，日本人性格中的"不宽容失败"和日本教育中过分强调"团体合作"的误区扼杀了日本年轻人的竞争意识，使"日本年轻人不爱出风头"。这样的社会文化背景也成为影响日本大学生创业的重要因素之一。

2.2.1.2 政策环境介绍

20世纪90年代初,日本泡沫经济破裂后,为了实现日本经济的全面振兴,在日本全国范围内掀起了创设尖端技术和高成长型风险企业的浪潮。日本政府也将培养富有挑战精神和能创造新价值的创业人才作为国家的重要战略。日本大学生创业虽然面临着诸多困局,但进入新世纪以来,其发展又有欣欣向荣之势。通过对近几年相关调查分析显示,日本近年来不管从创业教育的课程设置还是创业教育的实践结果来看,成绩都十分突出。这与20世纪90年代中期以来为建立大学生创业体制而制定的一系列扶持政策密切相关。

1994年,日本政府将全面发展创业投资产业的观点纳入了内阁报告,并为此修改了《创投公司宪章》。新的《创投公司宪章》深刻影响了日本创投产业,为创投产业的经营提供了法律保证。

1995年,在颁布的《促进中小企业创造活动法》中规定了日本政府需要向地方政府提供创投基金。

1997年,日本又修改相关法律,使养老基金开始进入了创投产业。

1998年,日本政府相继颁布了《大学技术移转促进法》《投资事业有限责任合伙法》,鼓励高校进行技术产业化转移,确保投资人权益,鼓励投资人提高投资效率。

1999年,日本政府修正了《中小企业基本法》,将政府对小企业的立场从指导修改为支援,促进了日本小企业新一轮的发展。

2000年,日本政府颁布了《教育公务员特例法》,开始逐步放开了国立大学、研究所对研究人员的兼职限制。

2001年的"远山计划",以国立大学独立行政法人化为目标,允许公立大学科研人员开始创业。同年,发表了"平沼计划",该计划主要内容是促进校办产业的发展。

2002年,启动了"零注册资本金制度"。

2004年,国立大学独立行政法人化改革正式生效,从此打破了日本国内国立、公立、私立大学界限,推动了日本高校创业教育工作的开展。通过竞争机制,采用绩效评估和资金鼓励的方式鼓励大学开办创业企业。对未达到相关标准者,则有可能得不到相关补助甚至面临被淘汰的危险。

2007年,《创新25战略》通过日本内阁审议并付诸实施。《创新25战略》明确把创新作为日本的国家策略,因而创业已成为日本社会的当务之急。在这种战略下,大学生创业成为政策关注的重点。

2009年5月,日本经济产业省设立了"大学@大学院创业教育推进网络",其目的就是在日本大学校园内加强对大学生的"创业教育"。经济产业省还把开设创业教育课程的约 250 所大学的教育内容以及教师情况等制作成数据库,并在该省的网页上公布。

2.2.2 日本大学生创业教育简介

相比美国的创业教育,日本的创业教育起步较晚,20 世纪 80 年代末才开始进行。开设创业教育相关课程实施创业教育的高校,也从最初的三十多所,发展到了目前的二百多所。目前日本大学生的创业教育工作已取得了一定的成绩,发展也颇具特色。

在日本,对创业教育的称谓不尽相同,有的被称作"アントレプレナー教育"或"起业家教育",也有的被翻译成"企业家教育"(Entrepreneurship Education),即有开发能力的意思。在通常情况下,"Entrepreneurship"翻译成创业家精神,但它不单单是创业家精神的意思,同时还含有知识和技能的意思。日本高校的创业教育以培养学生的创业精神为主线,唤醒学生的创业意识,再通过创业课程和创业实践,使学生掌握创业技能。

2.2.2.1 体系连贯,衔接紧密

在日本,创业教育是一门从小学就开设的课程。日本政府非常重视创业教育,从小学就开始设有手工制作、理财教育等课程,让学生自然而然地萌发创业意识,从小就培养创业的理念;到了中学阶段则更加注重创业精神的培养,通过开展相关实践活动和开设相关课程,开始进行企业经营的教授;大学教育则在注重培养创业精神的基础上,通过系统的创业教育课程,进一步将创业意识、理念、技能传授给学生。

2.2.2.2 国家政策体现——"产学官"体系

这是一种独具日本特色的创业教育体系,政府、产业界和学校从各个层面为高校提供创业教育的机会,形成了"产学官"密切配合、良性互动的创业教育生态环境。在国家层面,日本政府的相关职能部门(省、厅)将创业教育作为国家发展的重大课题进行研究,从政策扶持到资金援助、从教育方面到实践方面、从国内教育课程改革到国际合作交流都为大学创业教育提供了良好的服务。在产业层面,相关创业中介机构和企业也为大学生创业提供了实习基地,并向大学提供人才需求意见、与大学联合进行科研产业革新等,共同设计大学创业教育的课程实施方案。在大学层面,不断更新大学教育理念,变革办学思想,加强企业创业孵化器和创业辅导机构等建设,加强与校友的联系;同时,各大学还纷纷开设具有自己学校特点的创业教育课程,聘请优秀的企业家作为创业教育的教师,提升创业教育的质量,构建了一个非常完善的教学、课程和师资培养体系。

2.2.2.3 以地方经济发展为导向

日本大学的创业教育,尤其是地方私立大学的创业教育还有一个非常显著的特

点,那就是重视以当地经济发展为导向,与当地地域特色产业密切联系,把培养能振兴当地经济的创业人才作为大学创业教育的目标。在相关创业实践中,大学生与本地企业密切合作,通过开展市场调查、寻求市场需求、开拓市场空间等,为本地企业的发展建言献策。各地方政府、非营利性组织、工商团体也共同设立创业中心,相关人员在此中心进行交流合作,提供相关的建议意见,共同促进当地的经济发展。

2.2.2.2.4 提供创业继续教育

除了完善的大学创业教育外,日本的商工会议所、商工会还举办了创业学校和经营革新学校等为创业者提供继续教育。在这些学校里,由经营咨询师、中小企业诊断士以及有创业经验者授课,传授经营战略、组织管理等知识,创业者能学到如何编写计划书、金融制度、创业所需的必要知识等。

2.2.3 日本大学生创业机会介绍

2.2.3.1 大学创业援助机构的扶持

在日本,很多高校都设立了创业援助机构,而且还设立了创业援助基金,以解决大学生创业的后顾之忧。这些创业援助机构不仅培养学生的创业技能,而且还使其有机会获得创业援助基金的资助,将大学创业教育和对大学生的创业支援有机地结合在一起。

2.2.3.2 大学创业教育课程的设置

部分大学课程的设置是以培养实战能力为主的,也就是在整个大学课程进行的同时就已成为学生创业的开端了。例如,日本著名的大阪商业大学,其创业教育开展于第二次世界大战之前,经过数十年的发展,现已成为日本高校创业教育的典范。通过创办创业先锋班(OBP)、学生创业俱乐部、创业设计竞赛等形式,支持最具有发展潜力和较为成熟的创业计划,充分利用相关资源,打通与政府、商业机构的关系,通过与之合作,为学生提供实践的机会。

特别值得一提的是,创业先锋班如今已成为大阪商业大学成功的创业教育模式。在这种模式下,学生在一入学时就有明确的创业计划和愿望,经过层层考核,被确定为创业先锋班的学生。每个学生均以自己的专业为基础,增加相关创业知识和专业技能课程学习,辅修企业经营、产业实践等科目。经过四年系统的培训和教育,在毕业时就有机会通过相关的创业活动发现创业机遇,从而实现创业。

2.2.3.3 地方力量的扶持

在日本,社会各方力量也对创业进行积极扶持,如地方商工会联合会、商工会议所、中小企业团体中央会、中小企业支援中心、地方金融机构等。在政府的协调下,社会各方力量为小型企业创业者提供创业扶持。同时,日本还积极利用互联网进行创业支援,包括对有意创业的人、创业支援机构、风投机构和个人等提供信息交流的渠道，并且构建专业的创业支援信息数据库，可检索到相关机构和个人有关创业、经营的信息，只要成为会员，就能享受相关的数据服务。

2.2.3.4　政府创业计划支持

日本政府提供相关的创业支持计划，通过招聘说明会、求职支援型实习、企业参观等形式，为创业者和中小企业的沟通搭建桥梁。一方面，为创业者提供一个了解企业的机会；另一方面，为企业提供所需要的优秀人才。政府还开展"实践型培训"，为企业培训具有实战能力的人才，有需求人才的小微企业也可以参加此培训。

2.2.3.5　风险企业洽谈会提供展示机会

公立机构经常举办风险企业洽谈会，创业型企业可以在洽谈会上介绍自己的新产品，从而展示自己的企业形象，赢得活动合作伙伴，打开销路。此类洽谈会内容涵盖众多，包括各种形象展示、研讨、咨询、表彰等。

2.2.3.6　互助制度与相关协会的帮扶

日本为创业者制定了新事业支援设施制度。此制度为中小企业、微型企业开发新产品和新技术提供帮助，如以优惠租借价格为创业者提供办公室、工厂、研究室设施等。同时，创业者可以与中小企业、微型企业加入中小企业联合会。通过这种形式，双方可以资源互补、渠道共用，从而取得共赢。

2.2.4　日本大学生创业资金来源

2.2.4.1　政府提供的直接融资

日本政府在对创业者进行必要的审核后，可为其提供低息贷款。有专门的金融机构负责审查创业者的创业计划、资金等条件，并发放贷款。

对于小微企业，地方政府会提供无息或者低息的贷款，以助他们引进必要的设备；对于具有二次创业需求的遇到困境的企业，政府也会提供必要的融资途径。

2.2.4.2　基金、税收等优惠政策

日本政府为创业提供了很多优惠的政策，如提供风险基金等。高科技企业可以利用这一基金在证券交易所获得上市的资格，或者利用这笔资金来进行经营的支援。同时，还为中小企业设立中小企业基金，为其事业发展提供所需要的资金。此外，政府还制定了"中小企业投资培育公司投资制度""风险投资家税制"等，并对发展中小企业和支持创业期的风险投资企业，提供一定的税收优惠和政策支持。

2.2.4.3　相关风投企业的投资

更为重要的融资途径是以金融机构和大公司出资为主的风投企业的投资。但是，由于风投行业历来审慎的特性，造成了日本的风投主要集中于企业发展的后期投资，而在创业期的投资则显得十分不足。为此，日本政府通过很多手段，包括立法、补助、税收减免和金融支持等各种手段支持风投企业对尖端技术的投资。另外，日本还存在着大量的科技振兴财团，专门对高科技技术进行风险投资，这些财

团出资者有些是官方，有些则是企业，也有社会各界知名人士，这为大学生创业融资提供了非常有利的条件。

2.3 案例学习

案例一：日本再生战略——应对变化，培育新产业与新市场（节选）
[科技创新与信息通信战略]
【2020年目标】
构建可使特定领域中进入世界前50名的研究和教育基地100个。
让理科博士课程毕业生完全就业。
培育领先世界的绿色创新与民生创新的成果。
政府与企业总研发投资占GDP的比例应达到4%以上。
通过应用信息通信技术，提升国民生活的便利性，降低生产成本。
【2015年中期目标】
国际研究基地引进世界顶级研究者180人。
理科博士课程毕业生就职率达到80%以上。
被引用数前10%的论文数量应在世界排名中上升。
政府与企业总研发投资占GDP的比例应达到4%以上。
电子政府发展指数（联合国）中关于网上服务的范围与质量的排名进入前5名以内。

为了推进结集产学官智慧的世界顶级研发以及成果还原，需要强化科技创新政策推进体制，推进国际性政策，加大人才培育，强化基础研究以及开展产学官合作。同时，促进信息通信技术应用等经济增长平台的建设，尤其是推进全人类的前沿课题的宇宙与海洋的战略性利用。

（重点政策：通过强化科技人才培育来强化国际竞争力）

为了强化日本研发的国际竞争力，构建集结日本拥有优势的学术领域的领军大学院，在国际网络中培养经济增长领域内的引领世界的领军博士人才。通过最高端共同研究设施与设备、支援体制等环境建设，形成吸引国内外优秀研究人员的、成为国际头脑循环的核心的研究基地，筑波创新馆等世界级产学官集中合作基地。同时，基于《独立行政法人制度以及组织调整的基本方针》（2012年1月20日内阁会议通过），研究国立研发行政法人的制度运营以及组织合并。

通过改善大学、研究生院的理科课程设置，产学官合作推进实习工作，普及大学等的终身制等，鼓励更优秀的年轻研究人员自主研究。关于科技基本计划所制定的人才培育政策，需要一边管理进度状况，一边恰当地推进。

（重点政策：强化从基础研究到实用化的创新）

创新是日本竞争力的源泉。计划以带有科技创新政策指挥功能的科技创新战略本部（拟称）为中心，与IT战略本部、知识产权战略本部等相关行政机构紧密合作，推进培育创新。同时，结集产学官的智慧，实现对重要政策课题对应的重点化。同时，将科技政策定位为国家战略根基《第4期科技基本计划》（2011年8月19日内阁会议通过），扩充政府主导下的研发投资，调整促进有成效的、高效的技术开发所需的规章制度，研究实施促进对民间研发投资的税制优惠政策等可促进研发投资的各种措施。

推进这些施策之际，各中央政府机构合作下产学官一体从基础研究到实用化，连贯性地、重点地推进培育创新的体制，形成面向未来应对型研发、培育创新的研究平台。同时，根据科技重点政策行动计划中的预算分配的选择与集中，彻底排除重复、提升透明性。①

注：2012年7月30日，日本政府举行国家战略会议，确定了到2020年的中期经济增长战略即"日本再生战略"的最终文案，提出了11个具体战略和38条施政对策，确定了节能环保、健康医疗、农业渔业、中小企业对策共4个"日本再生工程"。

案例二：从Facebook到WhatsApp的"美国梦"

社交网络巨头Facebook于2月19日宣布，该公司将以大约190亿美元的价格收购移动通信服务（IM软件）WhatsApp。此交易将花费40亿美元的现金和大约价值120亿美元的Facebook股票；Facebook还将向WhatsApp创始人和员工提供另外30亿美元的限制性股票，可在交易完成四年后执行。而WhatsApp的CEO简·库姆也将加入Facebook董事会。协议还规定，如果交易最终无法达成，则Facebook需向WhatsApp支付"分手费"，其金额为10亿美元的现金加价值10亿美元的股票。此次巨额的收购也将从前名不见经传的WhatsApp联合创始人和首席执行官简·库姆变成了家喻户晓的亿万富翁。

在互联网发展日新月异的时代，似乎从不缺乏天才创业者的传奇故事。但即便如此，库姆的成长经历仍然会让许多人啧啧称奇：这位新晋亿万富翁曾经一度靠领取食物救济度日，在求职道路上也曾经被现如今的新东家Facebook拒之门外。就是在这样坎坷的人生道路上坚持摸爬滚打，现年37岁的库姆最终守得云开见月明。而回顾库姆的"发家史"会发现，库姆一次次抓住机遇是偶然，更是必然。

简·库姆出生在乌克兰首都基辅市远郊的一个小村庄的犹太家庭中，父亲是一名施工经理，负责建造医院和学校，母亲是一名家庭主妇，他是家里唯一的孩子。

库姆的童年记忆中，他家居住的房子很简陋，既没有通电也没有热水。16岁时，母亲带着简·库姆移民美国，父亲留在了乌克兰，他们的新家正好位于加利福

---

① 中国经济网. 日本再生战略——应对变化，培育新产业与新市场（三）[EB/OL]. [2014-03-06]. http://intl.ce.cn/specials/zxgjzh/201208/29/t20120829_23631503.shtml.

尼亚州硅谷的最主要地区——山景城。初来美国的母子俩，生活没得到太多改善。每天，库姆在政府救济站排队领取救济券，换取食物和基本生活用品，库姆的母亲找了一份保姆的工作，而库姆则在课余时间为一家杂货铺擦地板赚钱。

简·库姆认为，无论在哪里，都只有身怀一技才能生存下去。库姆在美国完成了高中学业后，18岁的他爱上了编程，靠着二手的说明书学会了计算机网络技术，拥有经济头脑的他转手又卖掉了二手书赚钱。

可以说，是雅虎为WhatsApp的两位创始人牵了红线。

WhatsApp的另一位创始人布莱恩·阿克顿在雅虎上班时，简·库姆还是圣何塞州立大学的学生，作为兼职安全测试员去检测雅虎的广告系统。阿克顿比库姆年长5岁。库姆严肃直率的态度给阿克顿留下了深刻的印象，两人从此成为最好的朋友和工作伙伴。

库姆时常出现在阿克顿家的餐桌旁，后来在库姆双亲过世的时候，阿克顿给予库姆很多支持。对此，库姆很感激地说："他会邀请我到他家去。"两人在闲暇时间里会一起滑雪、踢足球或玩极限飞盘。

在阿克顿的帮助下，简·库姆成了雅虎的一名构架工程师，并因工作需要而辍学。与比尔·盖茨那样的"经典辍学生"不同，简·库姆并没有立刻着手成立自己的公司，而是一直在雅虎安稳地工作了9年。

在这9年中，库姆积累了丰富的互联网经验。同时，互联网的世界也正在发生着巨大的变化，小他8岁的扎克伯格带领着Facebook将互联网带入了社交网络时代。按捺不住的库姆和阿克顿双双从雅虎辞职，并向Facebook申请职位，但都失败了。库姆笑称，"我们都是Facebook被拒俱乐部的成员。"

简·库姆的另一个"有缘人"是乔布斯。2009年，库姆买一部iPhone，让他有了WhatsApp的最初想法。

常参加同乡聚会的库姆在一次聚会上问老乡们，是否愿意在手机通讯录里让大家的名字前都显示"现在的状态"，类似于正在健身、正在看电影等。得到的回答是积极肯定的，这更坚定了库姆的信心。于是，他在33岁生日这天注册了WhatsApp公司，其名称的读音与"What's up?"（什么情况）同音。通过朋友们的帮助，库姆在一间简易的库房里成立了自己的公司，公司没有任何标示，这种传统延续至今。

随着苹果公司为iOS系统推出"消息推送"功能，WhatsApp也从一个单纯的状态分享软件走向即时通讯领域。库姆逐渐意识到他创建了一个强大的消息服务系统："哪怕是距离半个地球，人们也能即时联系，而且进行联系的设备是随身携带的，这非常强大。"

2011年初，WhatsApp在苹果应用商店美国区挤进下载量排名前20的序列，使用者呈井喷式增长，库姆和阿克顿甚至不得不通过收费的手段控制人数。

伴随而来的是风投们灵敏的嗅觉，纷纷上门要求合作，但都被拒之门外。直到红杉资本合伙人戈茨坚持了8个月，才得以与库姆见面。在承诺不强加广告模式的前提下，库姆和阿克顿才接受了来自红杉资本的800万美元投资。2013年2月，WhatsApp进行了第二轮融资，红杉资本又投资5000万美元，对公司的估值为15亿美元。

投资方红杉资本在2012年曾评估WhatsApp的市值为15亿美元，两年之后其市值竟飙升到了190亿美元。①

值得一提的是，收购WhatsApp的Facebook本身也是一家创业企业。其创始人马克·扎克伯格（Mark Zuckerberg）在10岁的时候得到了第一台电脑，从此他便将大把的时间都花在了电脑上面。

高中时，他为学校设计了一款MP3播放机。之后，很多业内公司都向他抛来了橄榄枝，包括微软公司。

但是，扎克伯格却拒绝了年薪95万美元的工作机会，而选择去哈佛大学上学。在哈佛，主修心理学的他仍然痴迷电脑。在上哈佛的第二年，扎克伯格就和两位室友一起，用一个星期时间写出了网站程序，建立了一个为哈佛同学提供互相联系平台的网站，命名为"The Facebook"。值得注意的是，Facebook最初是靠PayPal联合创始人彼特·泰尔（Peter Thiel）资助的50万美元创办的。Facebook在2004年2月推出，即横扫整个哈佛校园。2004年年底，Facebook的注册人数已突破一百万人，扎克伯格干脆从哈佛退学，全职营运网站。②

目前，Facebook是美国第一大社交网站，微软用2.4亿美元赢得Facebook的1.6%股份收购权。

其实，从Facebook到WhatsApp，其成功的根源是美国梦商业模式。这是一种相信在美国只要经过努力和不懈的奋斗便能获得更好生活的理想，亦即人们必须通过自己的工作勤奋、勇气、创意和决心迈向繁荣，而非依赖于特定的社会阶级和他人的援助。通常，这代表了人们在经济上的成功或是企业家的精神。

复习与思考

2-1 如果你是一名日本大学生，能从《日本再生战略》中看到哪些创业机会？通过日本与美国创业模式对比分析，你认为中国大学生创业模式能从中借鉴什么？

2-2 通过案例二，请分析美国创业公司成功的主要因素有哪些？

---

① 百度百科. 简·库姆 [EB/OL]. [2014-03-05]. http://baike.baidu.com/link?url=GL2BJ-yQ_HyAxI6JWms_DfSpVclSNIOudDcWFbKGMXeJtxgMzdXmL qeRuhhZa9hTVWdAfWtbBk4HZ8hIeoBcJ.

② 百度百科. 马克·扎克伯格 [EB/OL]. [2014-03-05]. http://baike.baidu.com/view/1299586.htm.

3　寻求大学生创业机会

创业是基于机会的市场驱动行为，创业是通过创业者的考察与分析，发现机会，在此基础上判断识别该机会的价值，以此为契机对所掌握的资源进行优化整合，并对该机会进行评估的过程。创业机会的把握是创业能否成功的关键所在，它为满足市场需求和企业家的有效需要提供了可能性。

3.1　创业机会概述

什么是创业机会？不同的思路给出了不同的答案。Holcombe R 和 Kirzner I M 认为，创业机会根植于市场中，可具体表述为存在于市场中的一种获利机会。这一观点指导下的最简单的创业机会就是套利，即在某种商品拥有两种不同价格的情况下，创业者以较低价格买进，以较高价格卖出，从而获取交易差利润。[1][2] Krackhardt D 强调，个体或组织间的关系状态结构催生了创业机会，即在特定的关系结构中，一个个体或组织较其他个体或组织而言所具备的信息优势和控制优势。[3] Sarason Y、Dean T 和 Dillard J F 指出，人们与周边环境的互动互应创造和构建了创业机会，创业机会不是以一种脱离于环境的形式存在的。[4] Shane S 和 Venkataraman S 则将创业机会界定为一种人们创设的状态（situation），即一种通过新手段、新目的、新手段－目的关系（means-ends relationships）形成的，并且能够引入新商品、新服务、新市场和新组织方式的状态。[5] Timmons 认为，创业机会具备吸引性、持久性和适时性的特征，创业者可以利用创业机会为客户提供有价值的产品或服务。

---

[1] Holcombe R. *The Origins of Entrepreneurial Opportunities*. *The Review of Austrian Economics*, 2003, 16 (1): 25—43.

[2] Kirzner I M. *Perception, Opportunity, and Profit: Studies in the Theory of Entrepreneurship*. Chicago: *University of Chicago Press*, 1979.

[3] Krackhardt D. *Entrepreneurial Opportunities in an Entrepreneurial Firm: A Structural Approach*. *Entrepreneurship Theory and Practice*, 1995 (1): 53—69.

[4] Sarason Y, Dean T, Dillard J F. *Entrepreneurship as the Nexus of Individual and Opportunity: A Structuration View*. *Journal of Business Venturing*, 2006 (21): 285—305.

[5] Shane S, Venkataraman S. *The Promise of Entrepreneurship as a Field of Research*. *Academy of Management Review*, 2000, 25 (1): 217—226.

创业机会从本质上来说，就是满足市场和企业家需求的一种商业空间，表现出为消费者提供增值产品和服务，为企业家挖掘市场空白和缝隙，最终以创业项目的形式得以实现。

3.2 创业机会的发现

3.2.1 法律政策调整

法律政策对于大学生创业具有风向标引导作用。政策、规章制度的变化使得相关资源获取的难易程度以及成本发生了变动。任何一项新政策的出台背后都潜藏着巨大的商机。最近几年，我国出台了一系列鼓励产业发展的政策，这势必会带来连锁反应，为大学生创业创造更多的机会和市场空间。随着社会分工不断的细化以及服务的专业化，政策变化为大学生创业者从产业链以及产业机构体系的上下游中寻找新的创业机会和商机提供了可能性。

3.2.2 市场变化

著名管理大师彼得·德鲁克将创业者定义为："寻找变化，并积极反应，把它当作机会充分利用起来的人。"企业生存于市场环境中，市场的真空与空白往往是机会存在的沃土。市场的变化主要包括供给结构性缺陷和不完全竞争下的市场空隙。

第一，供给结构性缺陷。现实市场的非均衡状态为创业机会的存在提供了客观的基础。[①] 非均衡经济学认为，其价格变动使所有市场都能出清的假设实际上并不具有普遍的真实性，市场的完全均衡是一种理想化状态，市场需求的多样化造成部分供给难以实现。这样的供给结构缺陷就为创新者提供了创业空间。

第二，不完全竞争下的市场空隙。不完全竞争理论认为，市场组织间或市场产业机构内存在着不完全竞争，大型企业不能完全满足市场需求，必然使中小企业具有了生存空间。中小企业与大企业在产品方面的差别，使得中小企业得到了商品空间。市场对产品差异化的需求是大中小企业并存的理由，细分市场以及系列化生产使得小企业的存在更有价值。

3.2.3 技术革新

新技术的应用改变了人们的生产生活方式，新的技术和知识的出现改变了企业的生产过程、产品的工艺水平、产品的成本以及市场收益，从而带来了新的机遇和

---

① 颜士梅、王重鸣：《创业机会的观点：存在、结构和构造思路》，载《软科学》，2008年第2期。

创造了新的市场。这些变化都会给创业者带来某种商机。持有新技术的企业与传统老企业相比更具有活力,企业生命周期更长,这就有利于持有新技术企业的进入和企业经营范围、目标市场的开辟。

3.2.4 消费偏好变化

市场存在的目的在于满足消费者的需求,然而随着经济的发展,人们的需求偏好和需求欲望产生了很大的变化,出现了潜在的市场机会。新的需求和需求方式的产生为新的市场的出现提供了机会。消费者的需求共性与个性化并存,因此在寻找创业机会时,应该把消费者进行细分,如政府工作人员、教师、学生、退休职工等。只有认识了各类人员的需求方向和需求特点,才能更好地把握住市场机会。

3.2.5 产业机构调整

经济活动的多样化与产业结构的调整为大学生创业提供了更多的途径。一方面,现代社会对于信息、服务、物流、文化教育等提出了越来越高的要求,第三产业得到蓬勃发展。而第三产业所具有的进入时投资金额相对较少、选择范围相对较广的特点,又为大学生创业提供了更多的创业入口和成长起点。另一方面,产业机构的调整为大学生创业提供了契机。随着民营企业逐步涉足生物医药、房地产、制造等行业,民营企业的经营范围和发展有了更广阔的空间。同时,市场需求多样化和个性化的特点又进一步刺激了具有应变快、更新快、多品种的中小企业发展,使其快速成长起来。

3.3 创业机会的选择

3.3.1 创业行业的选择

选择科学合理的创业行业是创业机会转化为创业成功的保障。大学生虽然思维活跃、充满活力,具备专业知识,但企业运营、市场分析、财务管理等方面的能力较为欠缺。所以,大学生在创业行业的选择上要根据自身的实际情况,选择适合自身发展的创业方向。创业行业的选择是一项综合了众多因素的复杂性决策活动,需要考虑以下方面的因素。

3.3.1.1 国家政策与法律

创业者要尽可能地利用国家法律政策所提供的一切便利,在法律政策鼓励的范畴内开展创业活动。一方面,要考虑所选的创业行业是否在国家法律和政策禁止或限定的范畴内;另一方面,要考虑所选的创业行业是否为国家法律和政策所支持的创业行业。在国家法律和政策规定的范畴内遴选创业行业和创业项目,有助于得到政府的先期投资和税收减免,大大降低市场准入门槛,在一定程度上为创业的成功提供了帮助。

3.3.1.2 创业者对市场的把握利用能力

市场是企业生存的空间,是企业能否生存的试金石。创业者在进行创业行业选择时,一方面要认真调查所选行业的市场机会、市场空间;另一方面,还要考虑创业者自身对市场机会的发现、识别和利用能力。对于创业者来说,必须具备两方面的能力,一是发现市场机会的识别能力,二是实现该市场机会的技术能力和资源能力。

3.3.1.3 自我认知

创业本身就是把握自我命运的一种行为,创业行业的选择就是找到自身与社会结合的端口。这需要创业者要有清醒的自我认知,了解自己的优势、劣势、兴趣、知识结构特点等。俗话说,兴趣是最好的老师。一个人只有选择他所喜欢且力所能及的事情,才能从中获取乐趣和成就感,才能在创业的道路上勇往直前。因此,选择自己感兴趣且有能力做的行业是创业顺利进行的保障。

3.3.1.4 注重发展潜力和市场空间

创业者要清楚地认识到企业也具有生命周期,任何企业的发展都要经过胚胎、孕育、出生、成长、壮大、衰老的过程,因此创业也就是一个认识、理解、把握创业项目的过程。所以,在选择创业行业和创业项目时要调查市场,分析该行业和项目的发展前景及发展潜力,找到有市场缝隙且具有特色的长远项目进行创业。

3.3.2 创业方式的选择

3.3.2.1 科技产品和成果应用创业

大学生创业应以自己所在的高校为平台,结合专业将高校内科研成果转换为产品或科技服务。大学生通过沟通学校、教师与企业建立科技服务合作关系,致力于为企业提供配套科技产品。大学生亦可以对所取得的科技成果进行深层次应用开发,找到科技成果与现实生活、市场的结合点,将小商品经营发展成为大市场。

3.3.2.2 网络服务创业

现在网络变得越来越普及,网络已成为人们了解世界、沟通世界的一种主要方式。网络因其信息量大、更新速度快、不受时间空间限制、成本低等特点受到了人们的重视和信赖,随之发展起来的电子商务也成为人们消费购物的主流趋势。大学生可以利用其计算机技能搭建网络购物、商务平台,将传统的实体店商品供应和服务转移到网络上进行,寻求网络销售渠道,开拓更为广阔的市场,建立虚拟化消费服务。

3.3.2.3 连锁加盟创业

连锁加盟店本身具有较为成熟的商业模式和一定的市场基础、市场知名度,在国外是一种较为成功的商业范式。大学生通过连锁加盟创业，可以弥补初出校园对市场运营经验的缺乏、市场宣传的不足等缺点，能够在较为成熟的体系内快速了解市场动向和运营知识，降低创业风险。所以，连锁加盟创业对于大学生来说，具有较高的创业成功率。

3.3.2.4 创意创业

创意创业所具有的个性化、时尚化和富有创新性的特征，能为创业者带来市场空间和消费关注。而大学生先进的理念、活跃的思维和贴近年轻人的心态特点，又为大学生进行创意创业提供了先天性条件。大学生可以了解年轻人的消费诉求，发挥自己的长处，进行创意创业尝试。例如，主题糕点店、时尚饮品店、个性家饰店等。

3.4 创业机会评估

3.4.1 创业机会评估原则

3.4.1.1 市场目标原则

市场经济社会中，一切都围绕着市场的需求、市场的变化来运作，市场是指挥经济活动的一面旗帜。创业项目的选择要迎合市场需求，保持持久的市场支持力和市场接纳力。因此，在创业项目选择时，要遵循市场效益原则，尽可能选择市场前景较为广阔的创业项目。这就需要创业者在创业前做好如下工作：

(1) 市场调研，包括目标市场现有状况、现实消费者和潜在消费者数量、购买力、消费方向等。

(2) 市场定位，包括市场进入障碍、市场内部竞争程度、市场占有率等。

(3) 市场成长力，包括上下游产业的延伸性、产品线的衍生及可持续性、利润空间的大小等。

(4) 市场容纳度，主要是指现有市场的饱和度、可拓展程度以及创办企业与所在地域的匹配融合适应能力等。

3.4.1.2 效益优化原则

效益是衡量一个企业是否成功的关键性指标，也是评估创业机会是否合理恰当的重要因素。一般而言，效益优化原则主要包括市场效益、财务效益、社会效益三方面。

(1) 市场效益。所谓市场效益是指创业机会与市场动态变化的适应程度以及长远的市场发展空间，其衡量指标主要包括市场占有率、市场渗透力和产品成本结构等。

(2) 财务效益。盈利是企业存在的目的，要衡量创业机会是否可行，盈利和盈利的可观性就是衡量创业机会是否具有吸引力的标准。一个相对较好的创业机会，主要应关注其投资回报率、税后净利、投资回收周期、毛利率、资本需求、市场的退出机制和策略等。

（3）社会效益。企业存在于社会大环境中，与周围的社会子系统息息相关。创业者所选择的创业机会对社会的作用，在一定程度上对创业成功的难易度有影响。国家的创业政策指引着市场产业机构调整以及社会资金的投资流向，因此选择国家政策所倡导的创业项目，有利于得到国家税收、投资资金等方面的扶持。例如，环保节能创业项目的选择迎合了我国"生态中国、美丽中国"的大发展方向，此类创业项目可得到一定的免税优惠和政府补贴，这对于资金不充足、市场根基不牢固的初创企业来说可谓至关重要。

3.4.2 创业机会评价方法

3.4.2.1 定性评价方法

创业过程中会遇到各种各样的问题，往往是出乎人们意料的，情况的复杂性和突发性给创业机会的评估带来了困难。对创业机会进行定性分析是其主要方法之一，代表性的观点有以下几种：

（1）Timmons 创业机会评估指标体系。著名的创业学家蒂蒙斯（Timmons，1999）制定了涉及 8 个一级大类、53 项指标的创业机会评估体系（见表 3-1），[①]这是目前最为全面的创业机会评估体系。该体系从行业与市场、经济因素、收获条件、竞争优势、管理团队、致命缺陷、创业家的个人标准、理想与现实的战略性差异等作出判断，创业者根据具体情况对其打分，根据打分情况来判断该创业机会的现实和潜在价值。

表 3-1 Timmons 的创业机会评价指标框架[②]

行业与市场	1. 市场容易识别，可以带来持续收入 2. 顾客可以接受产品或服务，愿意为此付费 3. 产品的附加价值高 4. 产品对市场的影响力大 5. 将要开发的产品，生命力长久 6. 项目所在地的行业是新兴行业，竞争不完善 7. 市场规模大，销售潜力达到 1000 万元到 10 亿元 8. 市场成长率在 30%~50%，甚至更高 9. 现有厂商的生产能力几乎完全饱和 10. 在五年内能占据市场的领导地位，达到 20% 以上 11. 拥有低成本的供货商，具有成本优势

---

① 杰弗里·蒂蒙斯：《创业学》（第六版），人民邮电出版社 2002 年版。
② 夏文韬：《中小企业创业机会识别与评价》，四川师范大学论文，2009 年。

续表3-1

经济因素	12. 达到盈亏平衡点所需要的时间在1.5~2年以内 13. 盈亏平衡点不会逐渐提高 14. 投资回报率在25%以上 15. 项目对资金的要求不是很大,能够获得融资 16. 销售额的年增长率高于15% 17. 有良好的现金流量,能占到销售额的20%~30%以上 18. 能获得持久的毛利,毛利率要达到40%以上 19. 能获得持久的税后利润,税后利润要超过10% 20. 资产集中程度低 21. 运营资金不多,需求量是逐渐增加的 22. 研究开发工作对资金的要求不高
收获条件	23. 项目带来的附加价值,具有较高的战略意义 24. 存在现有的或可预料的退出方式 25. 资本市场环境有利,可以实现资本的流动
竞争优势	26. 固定成本和可变成本低 27. 对成本、价格和销售的控制较高 28. 已经获得或可以获得对专利所有权的保护 29. 竞争对手尚未觉醒,竞争较弱 30. 拥有专利或具有某种独占性 31. 拥有发展良好的网络关系,容易获得合同 32. 拥有杰出的关键人员和管理团队
管理团队	33. 创业者团队是一个优秀管理者的组合 34. 行业和技术经验达到了本行业内的最高水平 35. 管理团队的正直廉洁程度能达到最高水准 36. 管理团队知道自己缺乏哪方面的知识
致命缺陷	37. 不存在任何致命缺陷
创业家的个人标准	38. 个人目标与企业活动相符合 39. 创业家可以做到在有限的风险下实现成功 40. 创业家能接受薪水减少等损失 41. 创业家渴望进行创业这种生活方式,而不只是为了赚大钱 42. 创业家可以承受适当的风险 43. 创业家在压力下状态依然良好
理想与现实的战略性差异	44. 理想与现实情况相吻合 45. 管理团队已经是最好的 46. 在客户服务管理方面有很好的服务理念 47. 所创办的事业顺应时代潮流 48. 所采取的技术具有突破性,不存在许多替代品或竞争对手 49. 具备灵活的适应能力,能快速地进行取舍 50. 始终在寻找新的机会 51. 定价与市场领先者几乎持平 52. 能够获得销售渠道,或已经拥有现成的网络 53. 能够允许失败

注:资料选自杰弗里·蒂蒙斯的《创业学》(第六版)。

对于上述的因素，都有创业机会的吸引力潜力最高和创业机会的吸引力潜力最低这两个极端情况，而一般情况下所有的创业机会则处于这两个极端情况之间。

（2）Stevenson 创业机会评价方法。斯蒂文森（1994）提出，评价创业机会需要考虑以下五个问题：

①回答机会的大小、存在的时间跨度和随时间成长的速度这些问题；

②潜在的利润是否能够弥补资本、时间和机会成本的投资，而带来令人满意的收益；

③机会是否开辟了额外的扩张、多样化或综合的商业机会选择；

④在可能的障碍面前，收益是否会持久；

⑤产品或服务是否真正满足了真实的顾客需求。[1]

（3）Longenecker 创业机会评价标准。荣纳克（1998）在 *Small Business Management* 中提出评价创业机会的五项基本标准：

①对产品有明确界定的市场需求，退出的时机也是恰当的；

②投资的项目必须能够维持持久的竞争优势；

③投资必须具有一定程度的高回报，从而允许一些投资中的失误；

④创业者和机会之间必须互相合适；

⑤机会中不存在致命的缺陷。[2]

3.4.2.2 定量评价方法

通过选择对创业机会成功有重要影响的因素，由专家小组对每一个因素进行极好（3分）、好（2分）、一般（1分）三个等级的打分，最后求出每个因素在各个创业机会下的加权平均分，从而对不同的创业机会进行比较（见表3-2）。[3]

（1）Westinghouse方法。这种方法通过计算和比较各个机会的优先级，以确定更为有价值和发展潜力的机会。计算公式如下：

机会优先级＝[技术成功率×商业成功率×平均年销售数×（价格－成本）×投资周期]/总成本

在该公式中，技术和商业的成功率是以百分比表示的（从 0 到 100%），平均年销售数是以销售的产品数量来计算的，成本是以单位产品成本计算的，投资周期是指可以预期的平均年销售数保持不变的年限，总成本是指预期的所有投入。对于不同的创业机会将具体数值带入计算，若机会优先级越高，该机会就越有可能成功。

---

[1] 杨蕾：《基于经典模型的机会型创业机会研究》，合肥工业大学论文，2008年。
[2] 杨蕾：《基于经典模型的机会型创业机会研究》，合肥工业大学论文，2008年。
[3] 夏文韬：《中小企业创业机会识别与评价》，四川师范大学论文，2009年。

3 寻求大学生创业机会

表 3-2 标准打分矩阵表

标准	专家评分			
	极好（3分）	好（2分）	一般（1分）	加权平均分
易操作性	8	2	0	2.8
质量和易维护性	6	2	2	2.4
市场接受度	7	2	1	2.6
增加资本的能力	5	1	4	2.1
投资回报	6	3	1	2.5
专利权状况	9	1	0	2.9
市场的大小	8	1	1	2.7
制造的简单性	7	2	1	2.6
广告潜力	6	2	2	2.4
成长的潜力	9	1	0	2.9

注：资料选自夏文韬的《中小企业创业机会识别与评价》。

例如，假设一个创业机会的技术成功率为70%，市场上的商业成功率为60%，在8年的投资周期中，平均年销售数预计为30000，产品的销售价格为100元，对于每个产品来说其成本为75元，研发费用400000元，设计费用150000元，制造费用250000元，营销费用60000元。把这些数据带入公式之中，可以计算得出机会优先级约等于3，[①] 即

$$机会优先级 = \frac{0.7 \times 0.6 \times 30000 \times (100-75) \times 8}{400000+150000+250000+60000} \approx 3$$

（2）Hanan Potentionmeter 方法。这种方法是针对不同的因素来进行评分的。由创业者预先设定好权值，通过对所有因素得分的加总得到最后的总分，来评估其成功的潜力。对于每个因素，不同选项的得分可以从-2分到+2分。总分越高，说明特定创业机会成功的潜力越高。只有那些最后得分高于15分的创业机会，才值得创业者进行下一步策划；而低于15分的创业机会，则应该被淘汰（见表3-3）。[②]

（3）Baty 的选择因素法。在这种方法中，通过11个选择因素的设定来对创业机会进行判断。如果某个创业机会只符合其中六个或更少的因素，那么这个创业机会就是不可取的；如果某个创业机会符合其中七个或七个以上的因素，那么这个创业机会将是大有希望的。Baty 的选择因素法见表3-4。[③]

[①] 夏文韬：《中小企业创业机会识别与评价》，四川师范大学论文，2009年。
[②] 夏文韬：《中小企业创业机会识别与评价》，四川师范大学论文，2009年。
[③] 夏文韬：《中小企业创业机会识别与评价》，四川师范大学论文，2009年。

表 3-3 Hanan Potentionmeter 方法评分表

因　素	得分（-2~+2）
对于税前投资回报率的贡献	
预期的年销售额	
生命周期中预期的成长阶段	
从创业到销售额高速增长的预期时间	
投资回收期	
占有领先者地位的潜力	
商业周期的影响	
为产品制定高价的潜力	
进入市场的容易程度	
市场试验的时间范围	
销售人员的要求	

注：资料选自夏文辅的《中小企业创业机会识别与评价》。

表 3-4 Baty 的选择因素法判断表

选择因素	是否符合
这个创业机会在现阶段是否只有你一个人发现了？	
初始的产品生产成本是否可以接受？	
初始的市场开发成本是否可以接受？	
产品是否具有高利润回报的潜力？	
是否可以预测产品投放市场和达到盈亏平衡点的时间？	
潜在的市场是否巨大？	
你的产品是否是一个高速成长的产品家族中的第一个成员？	
你是否拥有一些现成的初始用户？	
是否可以预期产品的开发成本和开发周期？	
是否处于一个成长中的行业？	
金融界是否能够理解你的产品和顾客对它的需求？	

3.5 创业环境分析

企业处于整个社会这个复杂的系统之中，它与社会各个子系统进行着物质流、信息流、人才流的交换和沟通。企业想要生存与发展，就有必要研究和认识创业环境现状、发展趋势和变化的特点。

大学生创业环境一般包括外部环境、行业环境、地域环境和内部环境几个方面。

3.5.1 大学生创业的外部环境

创业的外部环境主要是指企业所在国家或地区的政治法律环境、经济市场环境、技术环境和社会环境。大学生通过了解创业的外部环境，可以发现外部存在的机会，找出有利于创业者创建和发展的契机。

3.5.1.1 政治法律环境

一个国家或地区的法治制度的健全程度、政府的工作效率和所提供的创业政治环境，对企业的创办、生存与发展具有重要的影响。国家的政治法律对创业者选择创业行业、创业地域、创业规模等都起着较大的诱导和促进作用。

政治环境一般包括国家或地区的政治稳定情况、政府所推行的基本政策、创业政策的连续性和稳定性等。法律环境是指与企业相关的社会法律系统，包括涉及企业主体、调整平等主体之间关系的主体法和程序法、规范企业运营和企业行为的法律、涉及税收的法律等。

3.5.1.2 经济市场环境

在经济一体化发展趋势下，资本、技术和人才等要素要在经济市场上进行重新配置，创业者要在经济市场上寻求商机。经济市场环境这个多元、动态的系统已成为企业生存与发展的重要因素，它直接限定了企业发展的方式、规模和结构。

经济环境因素主要包括国家或市场的开放程度，金融市场的有效程度，经济要素的性质、水平、结构和变动趋势，经济服务中介机构的发展等。

3.5.1.3 技术环境

技术环境主要是指国家或地区的技术水平、技术政策、新产品开发能力以及技术发展动向等。

企业的技术环境是指企业所处社会环境中的技术要素以及与之相关的各种社会现实的实时状态的集合。技术的革新为企业创造了新的机遇和空间，新技术在拓展市场需求的同时产生了一系列的创业机会，为企业开辟新的行业和领域提供了可能。

3.5.1.4 社会环境

社会环境主要是指一个国家或地区的宗教信仰、文化水平、风俗习惯、价值观念等，它影响着人们的消费态度、消费理念、企业管理方式以及创业态度等。不同的社会环境带来了不同的市场需求，为创业者进入市场开辟了巨大的空间。

3.5.2 大学生创业的行业环境

行业环境是指直接影响一个企业及其竞争行动和反应的一系列因素，包括行业的竞争环境、结构特点和变化趋势，以及该行业的发展前景和利润空间。对行业环境进行分析的目的在于，通过了解创业者所在行业的基本情况和潜在的市场竞争情况，考虑创业者进入这一行业获得收益的可能性和大小，以避免投资的失误和资源的浪费。

3.5.2.1 行业结构特点分析

行业结构特点主要是指该行业的市场规模、市场特征、市场成熟度、市场进入和退出的难易程度、行业总体盈利水平、消费者数量和结构，以及投资回收周期等。

3.5.2.2 行业竞争环境分析

行业竞争环境强烈影响着行业内竞争规则的确立以及企业战略的选择。行业中的市场竞争主要受五个竞争作用力的影响：新进入者的威胁、行业内现有的竞争者、替代用品的生产者、购买者的议价能力、供应者的议价能力。这五个竞争力相互作用，影响着行业内市场竞争的激烈程度和最终获利能力。

3.5.2.3 行业变化趋势分析

行业变化趋势是指那些影响行业结构、竞争环境和行业现有格局的因素，主要包括行业内产品与服务属性的变化、资源的变化、竞争力强弱的变化、企业战略的变化等。行业变化在给企业带来挑战的同时也为企业提供了新的机遇和市场机会。

3.5.3 大学生创业的地域环境

大学生创业的地域环境是指大学生创业者在创业所在地面临的自然环境、人文环境、经济环境等创业空间及创业支持。地域环境的不同，所提供给创业者的市场空间、创业规模和政策支持会有所区别，这就会对创业形式选择、创业市场把握以及创业结果等产生不同的影响。

3.5.3.1 自然环境

企业的生存与发展必然依附于一定的地域环境，并与周围的自然条件发生联系。创业所在地的地形、气候、矿藏等自然资源的不同，创业者的创业空间也就各异。自然环境影响着创业类型的选择和发展方向，使得许多国家和地区在生产布局上呈现不同的特点。

3.5.3.2 人文环境

人文环境指的是依附于一定的地表之上的人文现象的起源、构成、分布、变化、发展及其特点。地域的独特性和唯一性决定了所孕育的人文环境有其特殊的历史性、连续性、地域特色性，与之相关的民风民俗、生活习惯、民众认知心理等也带有地方的印记。创业者要想在创业所在地站稳脚跟，就必须要分析创业所在地的人文环境，把握当地消费者的消费习惯，因地制宜地选择创业项目和目标市场。

3.5.3.3 经济环境

创业企业受到了所在地经济环境的影响,一个地区的经济发展状况对创业的兴衰成败起着至关重要的作用。经济环境主要包括以下信息内容:

(1) 创业地区的经济发展总体水平,各行业的生产能力和行业分布。

(2) 创业地区的市场供求情况,居民货币收入、流动购买力、购买力投向等。

(3) 创业地区生产原料种类、质量、数量、成本以及供销状况,能源的消费结构、产供销平衡状况等。①

(4) 创业地区的城市化水平以及劳动力素质。

3.5.4 大学生创业的内部环境

良好的内部环境为大学生创业提供了独特、可持续的竞争力,是创业企业生存与发展的关键。因此,应该从企业的资源、企业的能力、企业的核心竞争力这三个方面进行创业企业的内部环境分析。

3.5.4.1 企业的资源

企业的资源是指企业在生产过程中投入的生产要素,是企业运作的基础。它主要包括人力资源、技术资源、物力资源、财力资源、文化资源、信誉资源等。

3.5.4.2 企业的能力

企业的能力是企业知识经过整理、转移、开发、共享和创造所产生的企业知识资产,是企业得以胜任某项具体工作或活动的先决条件。企业的能力主要包括以下几个方面:

(1) 企业获取信息的能力。信息是企业能够长远发展并获取竞争优势的重要动力,强大的信息支持为企业发现市场需求和空间提供了契机。

(2) 企业的科研能力。科学技术是第一生产力,在技术更新换代如此迅速的当下,拥有强大的科研支持队伍和开发团队是企业能够永葆活力的关键因素。准确把握市场的技术现状和趋势,可为企业产品或服务的更新和发展提供方向。

(3) 企业的营销能力。营销能力主要包括企业的市场定位、企业的目标市场分析、产品或服务的市场供求现状分析、营销渠道和方式的多元化以及营销管理能力等。

(4) 企业的生产能力。企业以提供产品或服务作为盈利的基础,产品生产的设备、生产流程的完备、产品质量的保障、服务的满意程度等都关系到企业的生产能力。

3.5.4.3 企业的核心竞争力

核心竞争力是一个企业能够长期获得竞争优势的能力,是企业所特有的、能够

---

① 蒋璟萍:《大学生创业环境论》,知识出版社 2003 年版,第 85~85 页。

经得起时间考验的、具有延展性，并且是竞争对手难以模仿的技术或能力。核心竞争力是企业在一定时期内保持现实或潜在竞争优势的关键资源。

3.5.5 大学生创业环境分析方法

3.5.5.1 PEST 分析法

（1）PEST 分析法的概念。

PEST 分析法是分析企业或行业宏观环境时常用的一种方法，其中 P 是政治（Political），E 是经济（Economic），S 是社会（Social），T 是技术（Technological）。

（2）PEST 分析法的内涵。

①政治环境：包括政治制度与体制、政局、政府的态度，以及政府制定的法律、法规等。政治环境的稳定性，对企业持续平稳发展有着重要的影响；国家税收政策以及法律对企业的监管，引导着企业的经营战略和投资选择；政府所持的市场道德标准，对企业经营方式和所持企业理念有着导向作用；政府与其他组织签订贸易协定，影响着市场的开放程度和资源配置水平。

②经济环境：企业作为市场的主体，受宏观经济环境的影响较大。宏观经济环境的变化，可催生着企业运营方式、产品结构、市场定位等的变化。构成经济环境的关键战略要素包括 GDP、利率水平、财政货币政策、通货膨胀、失业率水平、居民可支配收入水平、市场需求、劳动力和人才市场水平等。

③社会环境：指企业所在社会中成员的民族特征、文化传统、价值观念、宗教信仰、教育水平以及风俗习惯等因素。社会环境的构成要素包括：人口规模、年龄层次、种族结构、收入分布、消费结构和水平、人口流动性等。其中，人口规模会直接影响着一个国家或地区的市场容量，年龄层次则会决定消费品的种类及推广方式。

④技术环境：指一个国家或地区内的新发明、新技术、新工艺、新材料的出现和发展趋势以及应用前景。科技在降低产品与服务的成本、为消费者和企业提供创新产品与服务、改变分销渠道、为企业提供全新的与消费者沟通的方式等方面发挥着重要作用。

3.5.5.2 SWOT 分析法

（1）SWOT 分析法的概念。

SWOT 分析法又称态势分析法，是由美国旧金山大学管理学教授韦里克于 20 世纪 80 年代提出来的，是一种能够较客观而准确地分析和研究一个企业现实情况的方法。[①] SWOT 分析法是把企业内外环境所形成的优势（Strengths）、劣势

---

① 马伟：《营口温泉旅游发展战略研究》，大连理工大学论文，2008 年。

(Weaknesses)、机会（Opportunities）、威胁（Threats）四个方面的情况结合起来进行分析，以寻找制定适合企业实际情况的经营战略和策略的方法。

(2) SWOT分析法的内涵。

SWOT分析法主要是根据外部环境因素和内部环境因素来进行分析的。其中，外部环境因素包括机会因素和威胁因素，它们是外部环境中直接影响企业发展的有利和不利因素，属于客观因素；内部环境因素包括优势因素和劣势因素，它们是企业在其发展中自身存在的积极和消极因素，属于主动因素。①

①外部环境因素：a. 潜在的机会因素，包括市场壁垒的解除、寻求到新的市场需求、争取到新的用户群、有进入新的市场的可能、竞争对手失误、可以增加互补产品、在行业竞争中处于优势地位等等。b. 潜在的威胁因素，包括新的竞争对手进入市场、其他企业替代产品增多、市场规模紧缩、出现了不利的行业政策、经济衰退、用户偏好和兴趣改变、用户议价能力增强、国家或地区经济环境动荡等等。

②内部环境因素：a. 潜在的优势因素，包括良好的技术团队和力量、充足的财源保证、高品质的服务、占有较大的市场份额、成本低、优秀的管理者、良好的企业形象和社会印象、产权优势、适应力强的经营策略等等。b. 潜在的劣势因素，包括企业管理混乱、缺少关键技术和核心竞争力、研究与开发落后、资金短缺、设备老化、经营管理不善、成本高、产品线范围窄等等。

(3) SWOT分析法的步骤。

①查明影响因子：综合运用多种调查研究方法，一一列出影响企业发展的各类因素，即外部的环境因素与内部的能力因素。

②构造SWOT矩阵：将调查得出的各种因素根据轻重缓急或影响程度等排序，构造SWOT矩阵。在这个过程中，要将那些对企业发展有直接的、重要的、大量的、迫切的、久远的影响因素优先排列出来，而将那些间接的、次要的、少许的、不急的、短暂的影响因素排在后面。②

③制订行动计划：对以上组合形成的策略进行甄别和选择，制订出相应的行动计划。制订行动计划的基本思路：发挥优势因素，克服劣势因素，利用机会因素，化解威胁因素；考虑过去，立足当前，着眼未来。运用系统分析的综合分析方法，将排列与考虑的各种环境因素相互匹配起来加以组合，得到一系列未来发展的可选择对策。③

---

① 马伟：《营口温泉旅游发展战略研究》，大连理工大学论文，2008年。
② 马伟：《营口温泉旅游发展战略研究》，大连理工大学论文，2008年。
③ 马伟：《营口温泉旅游发展战略研究》，大连理工大学论文，2008年。

3.6　案例学习

案例一：

当下的大学校园周边，蛋糕店、奶茶店、情侣餐厅犹如雨后春笋般发展起来，特别在校园商业街内此类店铺比比皆是。该学校食品科学系的毕业生小王在看到这些店铺的收益不错时，颇为心动。于是，小王在校园商业街内租了一个店铺，并筹集了10万元做启动基金，开了一家奶茶蛋糕店。但是在经营两个月后，小王的奶茶蛋糕店就支撑不住了，不得已只好关张。为什么小王的奶茶蛋糕店经营惨淡呢？原因有二：第一，校园商业街内已开奶茶蛋糕店多家，形成了固定的消费群体，同类店铺扎堆使得开奶茶蛋糕店并无太大的市场和消费空间；第二，小王所开的奶茶蛋糕店为了突出自己的特色，将奶茶蛋糕店定位为高端消费，所售糕点比同类蛋糕店价格高出很多，大大超出了学生的经济承受能力，因而学生对小王的货品需求量很少，生意不红火。

案例分析： 小王大学毕业后，看到校园内奶茶蛋糕店赚钱，自己"拍脑袋"决定也开类似店铺，凭借自己的胡乱创新，惨淡经营。小王失败的原因有三：一是没有认真分析开店铺的可行性，所选择的创业行业不具备充足的市场空间和市场需求，导致店铺目标客户群范围萎缩；二是未能充分考虑所在行业的竞争力和商品之间的可替代性，同一地段内类似店铺扎堆又大大加剧了竞争的激烈程度，降低了获利能力；三是对创业所在地的经济环境和消费水平没有清晰的认识，盲目追求高端和高品质，忽略了消费者的经济承受能力。所以从本质上来说，这是商业模式出现了问题。

案例二：

随着网络的发展，网上购物成为年轻人消费的主流方式。2011年的7月，某高校的6名研究生筹集资金15万元，建立了一个快速便捷的校园网上购物平台——校园铺。校园铺主营速食品、干果、糖果、膨化食品、矿泉水、饮料、生活用品、洗护用品、数码配件、学习用具等，采取网上下单、定期配送的方式，在下单后两小时内送达学生宿舍楼下。

校园铺在经营的过程中受到了该校学生的欢迎，生意十分红火，经营规模得到了不断地扩大。校园铺成功的关键在于，不但紧紧抓住大学生的心理，满足了大学生"宅男""宅女"们要求方便快捷购物的特点，而且所经营的货物都是大学生校园生活所必需的，贴近大学生生活。校园铺创办之初就采取"货到付款、一手交钱一手交货"的方式，这无疑获取了消费者的信任，减少了消费者的疑虑。

案例分析： 校园铺创业成功的经历告诉我们，首先创业者要充分了解消费者的心理需求，创新经营方式，如采用"送货上门、货到付款"的形式在一定程度上为大学生创造了便利。再者创业者要细分目标市场,如将大学生作为目标人群,把握住了消费群体的消费需求,所供给的货物贴近实际,销路较为通畅,不易出现压货现象。总之,贴近大学生生活的创业项目相对来说成功率较高。

案例三:

随着中国教育事业的蓬勃发展,家长对于孩子成绩的关注度逐步提升,各类教育培训班如雨后春笋般发展起来。四川省某著名高校的8名大四学生在看到培训机构强势的发展势头后,决定筹资9万元开设"成都教育"假期培训机构。这8名大学生在调查了成都市教育培训市场后,发现成都市同类机构众多,质量也较高。为了减少竞争压力,他们将目标市场定位在四川省内一般地级市和县区,这些地方的教育发展相对于成都较为落后,大型培训机构较少,具有较大的市场和较小的竞争压力。凭借所在学校在四川省内的名气,很快就为他们的培训机构立足打下了基础,在短短一个月的时间内,获得净收益12万元。严密的市场调研和市场定位为他们的成功提供了可能性。

案例分析:大学生创业,市场机会大小和市场定位准确与否是关键因素。"成都教育"在创业之初,进行了市场调研,规避了竞争较为激烈和市场空间小的成都市区,而将川内一般地级市和县区作为目标市场,这些地方都具有较为广阔的市场空间。从这点上看,"成都教育"无疑是成功的。再者,"成都教育"有着清醒的自我认知,充分利用所在高校的知名度进行宣传招生,树立品牌形象。"成都教育"深刻分析了自身及其所处环境的优劣势,做到了扬长避短,为创业机会的实现奠定了基础。

复习与思考

3-1 大学生创业机会的来源有哪些?

3-2 运用课本所介绍的创业环境分析方法,就自己所感兴趣的任一创业项目做一份创业环境分析报告。

4 制订大学生创业计划

4.1 创业计划的作用

在竞争日益激烈、就业形势日益严峻的今天,大学生创业已成为其毕业后的去向和解决就业问题的重要途径之一。为保证创业有规划、有目地进行,需要创业者制订一份详细、优秀的创业计划。创业计划的制订过程是创业的重要阶段,对创业全过程都具有重要的指导意义,是决定创业成败的重要组成部分,应当引起创业者的高度重视。

创业计划对于新创企业自身来说是必不可少的,更是其在创业之初和创业瓶颈期获得外部支持的重要工具。一份优秀的创业计划既是创业者在制订过程中对企业经营现状不断自我否定与肯定,以及新创企业对未来发展战略和自我定位的审视与思考,也是创业者获取投资与认可的必备材料。

4.1.1 保证创业顺利启动

创业计划,顾名思义,是指对未来创业的规划与安排。创业计划为创业者制订了合理的规划和行动指南,通过创业计划可展示创业者的创意和思想,描述创业者的创业行动。因此,创业计划的制订要建立在企业对自我的准确定位上和充分的调查研究基础上。

著名风险投资家 Eugene Kleiner 说过:"如果你想踏踏实实地做一份工作的话,写一份商业计划,它能迫使你进行系统的思考。有些创意可能听起来很棒,但是当你把所有的细节和数据写下来的时候,就会发现该创意其实毫无价值。"一个酝酿中的创业不管在框架上还是思想上,起初都是模糊粗略、考虑不周全的,只有把创业的想法通过创业计划描述出来,才能够帮助创业者厘清思路和扩大思维的视角,使创业者客观冷静地从全局和整体审视创业的构想,并在不断的自我肯定和否定中正视内外环境与利弊因素,避免创业的盲目性,从而使创业的想法不断成熟可行。

对创业计划的制订还展示出了创业者的能力、决心和自信。创业计划作为创业的前期工作,需要创业者在制订创业计划的过程中认真踏实、广泛调查、深入研究、实事求是、对自我客观评估和定位,这正是对创业者创业能力、决心和自信的考验。

创业计划还可以激励管理团队和员工,增加凝聚力,团结团队力量。创业初期,一切都还是未知的情况下,一份优秀的创业计划可以向整个创业团队展示创业的前景,增强创业团队的自信与力量;可以鼓励参与创业的员工朝着同一个目标努力,为创业的顺利启动提供高质量的人力资源。

总之,作为创业前期的准备工作和必不可少的阶段,创业计划为保证创业的顺利启动奠定了基础,做足了准备。

4.1.2 保证创业有序实施

创业的过程正是对创业计划实施的过程。正如有句话所说,成功总是留给有准备的人。创业计划包括了创业的阶段性目标以及目标实现的措施,通过制订创业计划可以在实施过程中明确创业目标,并根据创业者的经营思想和策略有序地落实相应的措施,从而避免创业中的盲目行为和不合理的决定,减少创业失误。

俗话说:"凡事预则立,不预则废。"通过对创业计划的制订,可以让创业者提前预知创业过程中可能存在的风险和困难,并采取有效措施规避,从而提高创业成功率。创业有风险,未来又是不可预测的。因此,立足于客观、真实、全面的创业计划,能为企业的经营管理提供一个全面的分析,能帮助创业者在复杂的创业环境中考虑到来自各方面的阻力。

创业计划是检验创业阶段性成果的工具之一。作为行动指南的创业计划正是企业经营管理中的标杆,以此为基础和参照,可以帮助创业者在创业过程中坚定目标,及时纠正偏差,保证创业有序实施。对于资金薄弱、技术落后的新创企业来说,应尽量减少偏差,因为初创阶段的任何一点差错都可能造成严重的后果。同时也应注意,由于环境的不确定性和信息的不对称性,理想与现实始终存在着差距,创业计划中的预期与企业的实际经营结果也会存在偏差。作为企业创业先期具有预测性与计划性的书面材料,创业计划书必然会存在许多不足和漏洞,创业者可以在创业计划书的基础上,适时调整创业目标和行为。

总之,在新创企业的经营管理过程中,作为行动指南的创业计划可以不断规范和指导创业行为,保证创业有序开展。

4.1.3 获取外部支持与参与

创业是一个高风险、高投资的选择,仅仅依靠创业者自身的力量与资源,在充满困难与挑战的创业路上是很难成功的。创业需要合作者的参与,需要投资者的支持。而一份完整详细的创业计划正是创业者获取合作者与投资者信任并支持的"敲门砖"和"通行证",是新创企业连接外部合作者与投资者的桥梁,是企业自我展示与推销的重要方式。

借助创业计划，可以激发、吸引优秀投资者与合作者的兴趣和参与。

4.1.3.1 吸引合作者

企业的合作伙伴可能是企业资金与技术等资源的重要供应商，也可能是企业产品（服务）的重要供销商，因此其是否参与创业过程对企业的经营和发展具有至关重要的作用。而决定合作者是否参与进来，最重要的因素就是创业过程中风险与利益的平衡。不管什么情况下，合作者优先考虑的都是自己的利益，对即将要合作的新创企业的选择也毫不例外。合作是一个长期的过程，需要考虑的因素也是复杂多样的。创业计划书便是合作者了解新创企业的开端和重要来源之一。它的制订详细阐述了创业蓝图与理想，分析了企业的内外环境和利弊因素，这些都为合作者较为全面具体地了解新创企业提供了一个很好的平台。通过对创业计划书的研读，合作者可以初步掌握企业运营现状，可以对企业未来的经营收益和发展前景作出判断，并决定是否参与到该项创业中，且这项创业又是否值得参与。

4.1.3.2 吸引投资者

企业的经营与发展离不开投资者在资金和技术上的投资。投资者选择投资对象时，更看重的是其投资后的回报与收益。创业计划书可以使投资者在了解企业经营现状的基础上推测出企业的发展前景，以及需要投入多少资金和技术，自身又能从中获利多少，从而说服投资者投入资本，参与企业的发展。对于新创企业来说，没有经营成果与实践经验，因此详尽的创业计划书必然是投资者对企业认识、分析、判断时必不可缺的材料，而一份优秀高质量的创业计划书也必然是投资者最全面了解投资对象的捷径。

新创企业的投资者一般包括银行、政府、风险投资家等。银行是提供金融服务的重要企业之一，它凭借信用中介的作用掌握了大量的社会财富和资金。通过创业计划书，创业者可以向银行寻求融资、争取贷款，从而保证创业过程中的资金充足。政府是整合社会资源的重要力量，如能获取政府的投资与支持，新创企业在创业过程中必定能如虎添翼，也更容易在创业过程中获取更多外部力量的投资与支持。通常，风险投资家会对处于初创或还未成熟但又具有良好发展前景的企业进行投资。通过对创业计划书的研读，风险投资家可以迅速从专业的角度判断该项创业的投资价值有多大。

所以，在创业阶段，不管对新创企业本身还是对可能参与创业的外部相关利益者来说，创业计划书都是他们对创业过程和未来发展前景进行判断的最有力工具之一。

4.2 编写创业计划书模本

创业计划书是创业者为达到既定目标,在对有关信息和资源进行搜集、分析、加工、整理之后,以一定的格式和要求全方位、多角度描述创业内容的文字性材料,包括创业理念、前景展示、战略定位、资源整合、可能风险等各个方面。通过创业计划书,可以展示出新创企业当前的发展机遇和前景,以及可能出现的困难和挑战,帮助创业者和相关利益者对该项创业有更清晰全面的认识。因此,如何撰写出一份缜密、翔实的创业计划书,对新创企业的成败具有至关重要的作用。

4.2.1 编写原则

在编写创业计划书时,应该遵循的原则是:简洁清晰,规范美观,客观真实,全面完整,创新独特。

4.2.1.1 简洁清晰

创业计划书对企业的展示和描述是通过语言和文字表达出来的。因此,语言文字是否简洁,表达是否清晰,直接影响研读者对创业计划书的第一印象,也在一定程度上关系着对创业者能力的肯定与判断。一份优秀的创业计划书必须具有较强的语言文字功底,能够简洁详尽、有条理、有重点地表达出阅读者需要从中获取的信息。

4.2.1.2 规范美观

阅读者对创业计划书的研判往往是由外到内、从表及里进行的。创业计划书格式的规范、排版的布局直接反映出整体的质量与水准,以及编写者对创业的态度与重视程度。因此,创业计划书要尽可能做到格式规范、排版美观、装订精致。

4.2.1.3 客观真实

创业计划书是创业的准备阶段,是创业之路的行动指南,是对未来的规划与安排。因此,创业计划书对企业现状以及前景的展示,对创业道路上风险与机遇的描述,要力求客观真实,切合实际,避免言过其实,夸大主观,破坏创业计划书的可信度和可操作性。

4.2.1.4 全面完整

创业计划书不仅是创业者对自我的定位和审视,也是获取外部力量信任并支持的"通行证"和"敲门砖",而这里所指的外部力量范围广泛。因此,创业计划书应多角度、全方位地保证内容的全面完整,在简洁清晰的基础上保证创业计划书的多维性,让不同的阅读者都能从各自的角度阅读到所需信息,尽可能吸引到最佳投资者与合作者。

4.2.1.5 创新独特

创新是创业成功的核心。创业计划从外在到内容体现出来的新颖性和创新点正是创业之初能出奇制胜的关键，是吸引合作者与投资者的法宝。一份高质量的创业计划书要想从海量的创业计划中脱颖而出，一定要在各个方面做到与众不同。

4.2.2 编写内容

创业计划书在内容编写上主要包括三个方面，即创业计划书摘要、正文和附录。

4.2.2.1 创业计划书摘要

创业计划书摘要应简明扼要地涵盖整个创业计划的要点与精华，以便阅读者在最短的时间内获取最有效的信息，帮助阅读者迅速做出分析与判断。因此，创业计划书摘要一定要突出全书重点，放在创业计划书的最前面、最醒目的地方。正因为它是对整个创业计划的总结与归纳，所以也是最后才完成的部分。创业计划书摘要的内容应包括企业介绍、产品（服务）介绍、行业与市场分析、营销策略、生产与销售计划、财务规划、企业资源整合等，还应特别强调新创企业的发展目标与战略、独特之处，以及风险与收益的平衡问题，如图4—1所示。这些都会是阅读者和潜在投资者与合作者关注的永恒话题，力争在一开始就能吸引阅读者的眼球，激发阅读者的兴致。

[项目名称]	摘要
创业计划书 [年 月 日] [团队负责人姓名]_____ [性别]_____ [学号]_____ [专业]_____ [学校名称]_____ [院系名称]_____	简要叙述以下几点内容： 1. 企业描述（介绍创业的目的及意义、企业的内容及运作方式等）。 2. 产品与服务（陈述你的产品或服务，以便让别人能够看懂，包括产品的竞争优势）。 3. 行业及市场（行业历史与前景，市场规模及增长趋势，行业竞争对手及本公司竞争优势，未来3年市场销售预测）。 4. 营销策略（在价格、促销、建立销售网络操作性和有效的策略及其可操作性和有效性，对销售人员的激励机制）。 5. 资金需求（资金需求量、用途、使用计划，拟出让股份，投资者权利，退出方式）。 6. 财务预测（未来3年或5年的销售收入、利润、资产回报率等）。 7. 风险控制（经营过程中可能出现的风险及拟采取的控制措施）。 ……

图4—1 创业计划书的封面、摘要模本示意

4.2.2.2 正文

正文是创业计划书的核心,是对计划摘要的细化。这部分应该力求以简短的语言表达出最丰富、最全面的内容,所涵盖的具体内容如图4-2所示。

```
                           目录
一、企业介绍                          六、生产计划与运作管理
  1. 企业背景                          1. 生产类型
  2. 企业介绍                          2. 厂址选择
  3. 企业目标                          3. 生产设备与技术
二、产品与服务                         4. 库存管理
  1. 产品品种规划                       5. 成本管理
  2. 研究与开发                       七、财务规划与管理
  3. 未来产品和服务规划                   1. 资金需求与使用计划
  4. 实施阶段                          2. 融资计划
  5. 服务与支持                        3. 损益预估表
三、行业与市场分析                      4. 现金流预测
  1. 市场介绍                          5. 资产负债预估表
  2. 目标市场                          6. 盈亏平衡分析
  3. 顾客购买准则                       7. 投资回报率
  4. 竞争对手分析                       8. 投资收回年限
四、组织结构与人事管理                   八、风险管理
  1. 组织结构                          1. 政策风险
  2. 团队成员岗位描述和要求               2. 法律风险
  3. 建立团队愿景、使命和精神             3. 竞争风险
  4. 激励方案                          4. 亏损风险
五、营销策略                            ……
  1. 市场计划
  2. 销售策略
  3. 渠道销售与伙伴
  4. 销售周期
  5. 定价策略
  6. 市场联络
```

图4-2 创业计划书的正文目录模本示意

(1) 企业介绍。这部分从企业的性质、发展历程与规划、业务范围等方面介绍企业的基本情况,并重点从企业理念及战略目标等为企业的发展合理定位。企业目标可以分别从短期、中期、长期三个方面描述,主要是为了展示新创企业发展的前景与未来规划,这是创业进程的指挥棒。通过这部分的阅读,使阅读者对企业情况有一定了解,为合作打下基础。在这部分的描写中应当注意,对企业当前发展的不足之处要客观如实的说明,故意回避或者歪曲只会影响阅读者对企业的信任。

(2) 产品(服务)介绍。产品(服务)的介绍应该包括产品的性能与质量、产品的研发过程、产品的竞争优势与独特之处、产品的市场需求与前景预测、产品的成本与收益分析等。但是,因产品(服务)所具有的专业性,在对产品描述的时候应尽量避免用过多的专业术语,尽可能用通俗易懂的语言对产品进行描述,以增强阅读者对产品(服务)的深入认识和了解。新创企业最初的成功主要依靠对产品

（服务）的研发，产品（服务）是创业的关键因素，其是否具有创新性、是否具有市场，以及市场与收益的大小都会直接影响着创业的成败。因此，这部分应该着重突显出产品（服务）的独特性以及市场对产品（服务）的需求。如果可以，在介绍产品（服务）时还应附上图片或者样本等，使其更生动形象。总之，对这部分的描写一定要给阅读者树立这样一种产品形象：质量安全，性能可靠，成本低效益高，具有广阔的市场前景和强劲的竞争力。这样，才能让阅读者看到创业成功的希望。

（3）行业分析。对企业所在行业的分析正是对企业所处外部环境和因素的分析，这直接影响到企业在创业过程中的生产计划、经营策略和市场战略，应客观地对该行业的基本特点、竞争状况，以及是否存在发展机会、行业能力[①]、行业竞争结构等做出正确评价与分析。在这部分中，创业计划书的制订者应对以下几个典型问题做出回答与阐述：

①该行业当前的发展状态；

②该行业的发展趋势；

③进入该行业的障碍；

④在该行业发展的限制性因素；

⑤在该行业取得成功的关键因素；

⑥本企业在该行业的竞争力以及发展潜力分析；

⑦本企业在该行业的发展战略。

（4）市场分析。在创业初期，随着产品（服务）研发的成功，企业面临的主要工作是开拓市场、立足市场，并不断扩大市场占有率。因此，对市场的掌握与了解也是创业计划书中的重中之重。市场是企业产品（服务）实现价值的归属，也是企业创业结果的检验场所。这部分应该通过对目标市场的深入了解与调查，从现状和预测两方面进行分析。具体来说，应该包括以下几方面的内容：

①通过调查和研究，对目标顾客和目标市场的现状进行概述。目标顾客的信息可以从人口特征（年龄、性别、家庭结构）、使用目的（个人消费、组织需求）、社会特征（教育水平、收支水平）等方面分析，目标市场的信息有当前市场对产品（服务）的需求量和市场的竞争情况如何等。

②本企业的市场地位，以及在该市场中的优劣势分析。结合本企业的能力与所掌握的资源，客观公正地分析在当前市场竞争中所处的位置，并分析企业在市场环境下相对于其他竞争者的优势与不足。

③结合市场的发展趋势对市场需求进行分析预测，包括市场对产品（服务）需求量和销售量的预测，以及企业在市场总需求中所占份额的预测，市场对商品需求饱和点的预测。通过有理有据的预测，可以帮助新创企业合理规划生产，控制库存

---

① 行业能力是指在行业中人们从事其职业的多种能力的综合。

数量，平衡好生产与销售的关系。

④分析影响市场需求的因素，包括政治因素、经济因素、社会文化因素、价值因素、科技因素等。这些因素的列举能够帮助创业者在创业过程中更好地把握市场需求，控制目标市场和目标顾客。

(5) 组织结构与人事管理。在企业的经营过程中，人力资源是企业最宝贵的资源之一。人的创造性和能动性具有强大的潜力，一个优秀的创业团队和组织在对创业计划进行有效实施的过程中，也能产生巨大的能动性。在这部分中，应对参与创业的主要管理人员从教育背景、能力、经验、素质与技能以及他们在创业过程中担任的职务和责任等各方面进行详细阐述，并对创业过程中企业的股权结构与分配等问题进行说明。必要时，它还可以介绍企业对员工的激励政策和措施。此外，在这部分中还应对企业的组织结构进行分析，明确组织结构的形式，确定企业的部门设置、各部门的职责与功能、企业的报酬体系等。为了详细清晰地展示出组织结构，创业计划书的制订者可以附上组织结构图等资料，使阅读者能够对企业的组织结构和人事管理一目了然。

(6) 营销策略。面对激烈的竞争环境，以及初创企业在市场和资源分配中的不利地位，好的营销策略对创业的成功和发展具有非常重要的作用。它能够更好地优化企业资源，提高企业的管理质量与竞争能力，是产品（服务）走向市场并立足市场的手段和方式。在这部分的编写过程中，可以从价格策略、产品策略、渠道策略和促销策略等方面分别阐述企业的营销策略。具体应包括：

①市场机构和营销渠道的选择。

②营销队伍的结构及人员组成，对营销队伍的管理方式。

③如何制订促销计划，制订怎样的促销计划并实施，广告媒介和方式的选择，促销计划和广告的预算等。

④明确影响价格的因素，以及选择何种价格策略（折让策略、心理价格策略、地理价格策略等），还要分析价格决策的变动是否会对需求造成影响等。

(7) 生产计划与运作管理。生产计划是企业运营的核心和关键，根据对行业、对市场的分析，应制订合理的生产计划，平衡生产与需求，减少资源浪费，实现利益最大化。这部分的编写应该包括以下几个方面：

①生产产品（服务）的设备配置状况和选址问题。这些问题都直接影响到产品（服务）的生产数量与质量，是保证企业发展的硬件之一。作为企业基础设施和正常运作的主要组成部分，还应考虑对设备的改造与更新。

②产品（服务）的投产计划。产品（服务）投产的多少直接影响企业的经营规模和收益大小，应制订一个合理的投产计划，既满足社会和市场需求，又不造成资源浪费。

③产品（服务）质量的控制和改进。生产质量的高低是新创企业顺利运营和不

断发展的重要保证,应该严格控制和改进产品(服务)的质量。因此,如何控制和改进就成为创业者在创业过程中需要解决的问题。

④库存管理。这包括产品(服务)入库、出库、损益、盘点管理等,控制库存数量,合理规划库存。

⑤物流管理与供应链管理。企业生产的产品(服务)的原材料来源,产成品如何流入市场,如何平衡供给与销售,如何在物流中创造价值,这些都需要创业者在创业计划书中做出回答。

(8) 财务规划与管理。企业的创立和发展必然需要资金的支持。因此,需要对财务进行合理的规划和管理,这是企业经营管理的重要组成部分,也是企业获取资金并能有效使用的管理工作。财务规划与管理直接关系到企业以及相关利益者的直接利益,在编写创业计划书时应该重视这方面的有关问题。其中,重点是现金流量表、资产负债表以及损益表的制备,它们直接反映出企业的财务状况。具体来说,这部分在编写过程中应包括以下几个方面:

①新创企业的资金来源、融资过程以及个人与他人的出资比例等,这些都会影响到后期企业的利益分配问题。

②如何合理规划企业资金,让阅读者了解资金去向和具体用途,使资金投入者能信任企业。

③财务预估是根据企业的经营计划和市场计划,对企业一定时期内的收入和支出进行预估,制订明细表,便于让创业者和相关利益者了解企业的利润空间,做出盈利预测以及如何做到收支平衡。

(9) 风险管理。企业在创业过程中面临的风险是多方面的。由于初创企业的不成熟性和不稳定性,不易获得支持和信任,没有充足的资金和技术。因此,从企业的种子期到创立期,再到成长期、扩张期、成熟期等各个阶段中必然会遇到许多挑战和风险。这部分的编写应该根据企业在创业过程中各个阶段的主要特征,列举出在技术、市场、竞争等方面可能存在的风险以及风险程度的大小,并提出应对风险的措施,以及在最好或者最坏环境下企业又该如何应对、如何经营,从而帮助新创企业正视问题,提前对潜在的风险进行预测和应对,降低创业失败的风险。对风险的分析和管理具体可包括以下几个方面:

①如何识别风险。列举出企业可能面临的风险,并分析风险来源及表现形式,以及风险产生的原因、风险发生的概率和风险的程度大小等。

②如何控制风险。虽然风险的发生具有不确定性,但是在正确识别和分析风险的基础上,可以有预见性地控制风险的发生,尽可能采取有效措施把风险扼杀在摇篮中,降低风险发生的概率。

③如何规避风险。要进行有效的风险管理,即运用风险规避的各种技术方法主动、有计划、有目的地规避风险,以最小的成本和损失获取最安全的经营。

4.2.2.3 附录

附录是指因篇幅太长等原因不宜放在正文,但又需要对正文进行补充说明的文章和参考资料。附录也是创业计划书的组成部分之一,主要包括附件、附图、附表三种形式。

(1)与企业有关的材料。例如,企业章程、企业的资质认证资料复印件、团队成员介绍、有关的法律文书、合同协议等。

(2)与企业产品(服务)有关的资料。例如,产品生产流程图、技术图纸、有关技术和产品专利、反映市场需求的调查问卷、生产设备清单等。

(3)与企业经营有关的资料。例如,潜在竞争者的资料、主要消费者名单、可能的合作者与投资者介绍等。

(4)财务资料。例如,反映企业财务状况和预测资金需求的财务报表、资产负债表、利润表、现金流量表等。

创业计划书的模本仅是创业者在编写创业计划书时的参考,其形式和结构并不是一成不变的,千万不能生搬硬套。因此,编写者应该在囊括必要信息和内容的基础上灵活运用模本,编写出更完美、更详尽的创业计划书!

4.3 国内外校园创业计划竞赛

自创业教育概念从麻省理工学院兴起以来,大学生创业教育在全球引起各大高校的关注。创业计划竞赛作为高校创业教育的有效实现形式之一,已成为各高校的一项重要工作。

创业计划,也即创业者的商业计划,"是高科技与风险投资浪潮兴起的产物,是一无所有的创业者就某一项具有市场前景的新产品或服务向风险投资家游说,以取得风险投资的商业可行性报告"[①]。在对创业计划竞赛的定义上,学术界公认的定义是:创业计划竞赛要求参赛者组成优势互补的、跨专业的竞赛团队,提出一个具有市场潜力的新产品或服务以及创设某种职业等的创意,并围绕该创意开展调研论证,完成一份内容翔实、论证有力的商业计划书。[②] 育人是创业计划竞赛的宗旨,通过引导创业小组发挥其专业知识,围绕一项具有市场潜力的产品或服务撰写出具有可操作性的商业计划,通过整个比赛过程的培训与答辩,培养大学生的创新意识、创造精神和创业能力。

[①] 吴剑平:《大学生创业计划竞赛概观》,载《江苏高教》,2000年第4期。
[②] 李清泉、郑吉峰:《创业计划竞赛对大学生创新创业能力培养——以湖南科技学院为例》,载《湖南科技学院学报》,2011年第12期。

4.3.1 校园创业计划竞赛的意义

总而言之,校园创业计划竞赛是高等院校与现实社会、大学生与企业之间的良好互动。具体而言,从竞赛参与主体的角度出发进行分析总结,校园创业计划竞赛主要有以下意义:

第一,促进高校产学研结合,推动高校创业教育。创业教育是一项实践性极强的工作,高校创业教育的实施不能仅仅依靠开设传统的创业教育基础课程。校园创业计划竞赛的举办,有利于开展全方位的创业指导,促进高校创业教育的发展;校园创业计划竞赛的举办,不仅为大学生提供了一个将观念、想法进行实践的平台,还有利于把来自指导教师的科研课题的研究成果与高校的产学研相结合,推动学术成果向经济成果转变,发挥高校科研的社会价值。

第二,培育创新创业的社会土壤。近年来,随着校园创业计划竞赛的兴起,高校对校园创业计划竞赛加大了投入。与此同时,校园创业计划竞赛受到了来自政府、企业、媒体的重视与关注,越来越多的风险投资家参与其中,为校园创业计划竞赛提供了良好的社会环境。这不仅激发了大学生加入校园创业计划竞赛的热情与动力,也营造了校园创业文化氛围。在校园浓厚的创业文化氛围下,众多具有市场潜力的投资项目源源不断地产生,为培育创新创业的社会土壤打下了基础。

第三,培养大学生创新意识与创业能力,转变就业观念。首先,大学生参与校园创业计划竞赛,可通过对创业程序的了解,增加自己的创业知识与经验储备,拓宽接触与了解社会的途径。其次,整个创业计划竞赛的过程,不仅可以为大学生提供锻炼的实践机会,更重要的是有助于培养大学生面对社会、面对挫折、面对商业操作的心理承受能力与综合素质。最后,在就业形势日益严峻的当下,创新意识、创新精神和创业能力的培养不仅提高了大学生的竞争能力,也为大学生的就业提供了更多的选择机会,甚至使得更多的大学生变被动就业为主动创业,为社会创造了就业机会。

4.3.2 校园创业计划竞赛与高校创业教育的关系

校园创业计划竞赛与高校创业教育相辅相成、密不可分。校园创业计划竞赛是高校创新创业教育不可缺少的重要形式和重要环节,创业教育的实施有助于为校园创业计划竞赛提供良好的政策支持。校园创业计划竞赛是高校创业教育的一个重要组成部分,同时也是高校创业教育实现的一种新载体、新形式与有效途径。1998年,世界高等教育大会宣言明确提出:"高等教育应主要关心培养创业技能和主动精神,毕业生不再仅是求职者,首先将成为工作岗位的创造者。"高校创业教育是校园创业计划竞赛的最终目标,校园创业计划竞赛的开办充分体现了创业教育的内涵,我国各大高校举办的创业计划竞赛就是在深化教育体制改革、积极推进素质教育的大背景下开展起来的。

4.3.3 国外校园创业计划竞赛

创业计划竞赛起源于美国，又称商业计划竞赛。1983年，在得克萨斯州立大学奥斯汀分校举办了世界上第一个大学生创业计划竞赛。奥斯汀分校的两位MBA学生受到法律学院的模拟法庭形式的启发，构想出借鉴法律学院的模拟法庭形式举办商业计划竞赛，希望通过这种形式对企业策划进行模拟演练，以推动高校MBA学生将所学知识与社会实践结合起来，告别"纸上谈兵"的纯理论学习，能在毕业后尽快融入社会。

在奥斯汀分校举办了这次大学生创业计划竞赛之后，美国各高校开始注意到大学生创业计划竞赛的市场价值与教育意义，也纷纷加入到该竞赛中来。目前在美国，每年都要举办创业计划竞赛的大学就包括麻省理工学院（MIT）、斯坦福大学等一流大学在内的几十所大学。例如，在斯坦福大学校园里的创业氛围中，就诞生了Yahoo、Excite、Netscape等公司；世界著名的"硅谷"，也是在这种大学创业氛围中催生出来的；麻省理工学院的"五万美元创业计划竞赛"（MIT ＄50K Entrepreneurship Competition，MIT ＄50K创业计划竞赛现在已改为MIT ＄100K计划创业竞赛），也是历史最悠久、最负有盛名的创业计划竞赛。如今，创业计划竞赛更是每年都为美国高新技术企业源源不断地输送新的技术与人才，成为知识经济时代美国经济的直接驱动力。与此同时，"全球创业计划竞赛联盟"成立，来自全球的各大名校（如清华大学、MIT、得克萨斯州立大学奥斯汀分校、新加坡国立大学、日本早稻田大学等）均成为该联盟的成员。

为了促进校园创业计划竞赛的发展，激励大学生的创业热情，各国都纷纷采取了相应的措施（见表4-1）。

表4-1 各国激励大学生创业政策一览表

国家措施	说　明
美国职业保险	通过帮助大学生规避风险，提升创业者热情
韩国严进宽出	成立以大学为中心的"创业支援中心"，为大学生提供创业需要的人才、营业场地和资金等一条龙服务。对大学生要求进入创业中心的申请，韩国政府和学校进行严格筛选
瑞典创业教育	具有完备的全员参与式创业教育体系，创业教育纳入国民教育体系之中，内容涵盖了初中、高中、大学本科甚至研究生的正规教育，针对不同年龄段人群进行不同的培养。创业精神成为社会推崇的一种价值理念
英国减税政策	1990—2000年，采取各种税收激励政策，拓宽私人股权市场投资的范围。例如，发布《公司投资法规》（EIS）、《创业投资信托法规》（VCT）、《公司创业投资法规》
法国补贴发放	2006年，对个人收入低于最低工资的创业申请人给予失业创业补贴。2007年，简化了申请失业创业补贴程序，并可进行网上申请

4.3.4 国内校园创业计划竞赛

我国的校园创业计划竞赛是从国外引进的,起步相对较晚,创业竞赛体系仍需不断完善。"挑战杯"是风靡我国高校的大学生创业计划竞赛,是我国大学生创业计划竞赛中最重要的赛事之一。

"挑战杯"全国大学生系列科技学术竞赛是由共青团中央、中国科协、教育部和全国学联共同主办的全国性大学生课外学术科技创业类竞赛。"挑战杯"竞赛在中国共有两个并列项目,一个是"创业计划大赛",另一个是"课外学术科技作品竞赛"。这两个项目的全国竞赛交叉轮流开展,每个项目每两年举办一届。[①]"挑战杯"竞赛现已从一项校园文化活动转变成为我国高校创业教育实施的重要形式,并形成了两赛隔年举办的格局,催生了一批大学生自创企业。

我国最早的校园创业计划竞赛于1999年在清华大学举办,即由清华大学承办的首届"挑战杯"大学生创业计划竞赛。该次竞赛共计收到了来自52所高校的430件作品,随后在各高校掀起了创新、创业热潮,在社会上产生了良好的反响。近年来,"挑战杯"竞赛在举办过程中不断吸取经验,使竞赛体制越来越完善,并向着规范化、科学化发展。但是,我们也应该看到大学生创业失败者居多、成功者偏少的现实状况,这也折射出我国校园创业计划竞赛存在着一些问题,往更高的层面进行分析就是我国的高校创业教育存在着不足之处,有待于进一步的改革。

4.3.5 校园创业计划竞赛存在的问题

4.3.5.1 创业计划与创业的误区

校园创业计划竞赛是一项需要大量知识储备、实践经验和大量精力、时间,以及要有直面困难、迎难而上精神的竞赛,而创业的成功与否是与市场息息相关的,并非是只要在竞赛中取得成绩的创业计划投入市场运作后就一定能成功。所以,创业计划并不等于创业。

由于对创业计划竞赛没有形成正确的认知,导致许多人对创业计划与创业在认知上产生了误区。这种误区主要产生在学生与学校两个主体之间。首先,学校部分教师认为创业计划竞赛只是学生的一项校园文化活动,并非等同于真正意义上的创业。其次,许多参与校园创业计划竞赛的学生却恰恰把创业计划竞赛当作了创业,认为这是通向成功的唯一渠道,孤注一掷,投入过多时间、精力、财力、物力。正是上述的两个认知极端,导致教师不够重视校园创业计划竞赛、学生盲目参赛的问题。

---

① 张杨、胡瑞琦:《中美高校创业大赛模式的比较及其启示》,载《世界教育信息》,2012年第8期。

4.3.5.2 参与目的的功利性突显

校园创业计划竞赛在给大学生提供锻炼机会的同时，其实现大学生创业的目标并没有改变。然而，经过十多届的赛事举办，参赛学生的参赛目的却越来越偏向于为找工作增加经验、增强就业竞争力，对竞赛的参与往往是"三分钟热情"，逐渐脱离了举办校园创业计划竞赛的初衷。

4.3.5.3 评审机制有待完善

校园创业计划竞赛的评委由高校教师和企业家担任。由于领域不同，其立场也就不同，从而导致双方评审标准未达成一致。

4.3.6 做好校园创业计划竞赛的措施

4.3.6.1 完善创新创业教育课程体系

校园创业计划竞赛的参与对象是在校大学生，鉴于大学生在知识与实践经验上的缺乏，高校应充分利用学校丰富的资源，开设创新创业理论课程（如开设企业管理、会计、财务管理等基础理论课程），开展创新创业实践活动（如举办创业讲座、商界精英交流会、企业参观等活动）。通过创业理论与创业实践的结合，改变大学生对于创业计划竞赛的观念与看法，帮助他们树立正确的创业观，改善参与创业计划竞赛大学生的参赛基础，提高创业计划书的质量水平，提高创业计划的可行性。

4.3.6.2 建立完整的竞赛管理体系

创业计划竞赛涉及了各个方面的工作，一次创业计划竞赛的成功举办需要做好每一个环节的大小工作。建立完整的竞赛管理体系应包括高校领导层的动员活动、计划竞赛组委会的宣传、会务、外联等工作以及竞赛后勤团队的支持工作等。竞赛管理体系的建立可以从以下几个方面进行：

首先，要建立系统、完整的创新创业激励机制。大学生参与创业计划竞赛，若仅仅依靠口头上的动员或强制性的要求，则是不能达到举办创业计划竞赛真正的目的。相反，可能会造成大学生在心理上对创业计划竞赛的反感，把创业计划竞赛变成一件敷衍交差的事。要让大学生积极参与创业计划竞赛，除了对优秀的创业团队进行资金上的奖励外，还可以将创业计划竞赛与学生的选修课程学分或是奖学金的评比挂钩，激发其参与的积极性。

其次，要加大学校对创业计划竞赛经费的支持力度。创业计划竞赛的举办需要大量资金的支持，除去竞赛奖励部分的资金外，整个比赛过程的开销也需要进行预算。高校应充分利用校内与校外资源，为创业计划竞赛提供稳定的经费支撑，保证创业计划竞赛的顺利进行。

最后，要培养创新创业指导教师队伍。指导教师的指导与创业计划书的水平有着紧密的联系，只有加强创业指导教师队伍的建设，培养具有较高创新意识、创造性思维和创造精神的指导教师，才能更好地对参赛学生进行指导与培训。例如，根据高校的具体情况，在有条件的情况下，可以进行跨学科、跨专业培养具有综合素质的创新创业型指导教师。

4.4 案例学习

一般而言，一份完整的创业计划应该包括以下几个基本部分的主要内容：项目简介、市场分析、公司战略、管理体系、市场营销、财务管理、风险管理。

4.4.1 项目简介、市场分析

项目简介主要包括对项目背景、创业动机、产品概述等的分析。市场分析主要是对项目的政策法规、经济、社会、技术、行业环境、竞争对手进行分析。

案例一：休闲娱乐之都——"七久吧"的创业计划书

第一部分　项目介绍

项目名称：休闲娱乐之都——七久吧。

经营范围：针对大学生群体提供奶茶、咖啡、茶、酒类等各种饮品，快餐，甜点，以及心理减压、点歌等特色服务。

项目投资：约为14.5万元。

回收成本期限：约为一年。

选址：前期选址主要在成都市。"七久吧"拟定为男孩女孩店、情侣店、大众店三种主题店，分别选址在成都市最具影响力的三个美食圈——锦里休闲美食圈、杜甫草堂美食圈、科华北路美食圈。

选址原因：锦里休闲美食圈、杜甫草堂美食圈、科华北路美食圈地处成都市二环路内，高消费、高人流量且各色人群都有，具有多样性，为三种主题店提供了丰富的客源。交通便利快捷，顾客可乘公交车、地铁或自行驾车到达。地处成都市较繁华的地段，利于产品或服务的宣传与推广。

项目概况："七久吧"名称的灵感来自于北京市的艺术园区"七九八"。在成都市最具影响力的三个美食圈——锦里休闲美食圈、杜甫草堂美食圈、科华北路美食圈且客流量庞大的成都市二环路内打造"七久吧"品牌。旗下设立三个主题店，分别是男孩女孩店（主要面对充满活力和个性的男孩女孩）、情侣店（为沉浸在恋爱中的人创造更温馨的氛围）、大众店（适用于各种人群，为其提供休闲、娱乐、聚会等的场所）。

企业宗旨：给你想要的感觉！

第二部分　市场分析

一、市场需求分析

主要采用问卷调查法，向预期客户发放问卷，回收问卷，分析问卷；根据问卷调查所得到的市场现状结果进行分析,从而决定"七久吧"的营销策略、市场定位。以下是问卷调查表和问卷调查结果分析。

1. 问卷调查表

七久吧饮品连锁问卷调查表

姓名: 　　　　性别: 　　　　职业:

问　题	答案选择
1. 您周围的饮品吧数量如何?	A. 很多　B. 较多　C. 较少　D. 几乎没有
2. 您认为目前饮品吧的规模面积应该有多大为好?	A. 太小　B. 小　C. 还行　D. 足够大
3. 如果可以选择,您会选择哪家饮品吧进行消费?	A. 面积<15 m²　B. 面积在15~25 m²之间　C. 面积>25m²
4. 您在购买饮品后更倾向于?	A. 买了带走　B. 在饮品店内消费
5. 您在饮品方面消费时主要考虑的因素是?(可多选)	A. 价格　B. 味道　C. 消费环境　D. 品牌　E. 其他
6. 请问您觉得学习和工作的压力大吗?	A. 很大　B. 较大　C. 不大　D. 没有
7. 您对休闲场所的渴求度(满分10分)为?	A. 10分　B. 8分　C. 6分　D. <5分
8. 您平时选择的休闲场所是?	A. 酒吧　B. 书店　C. 咖啡厅　D. 很少有适合自己的
9. 如果现有一家新的饮品吧,您会主动去尝试吗?	A. 会　B. 不会
10. 如果您不去,原因是?	A. 对新事物不感兴趣　B. 某家店的忠实顾客　C. 饮品店毫无特色　D. 没时间

2. 问卷调查结果分析

(1) 填写问卷调查表者主要是学生和年龄在20~40岁的男女青年。

(2) 被调查者中,有70%的消费者认为周围的饮品吧很多,并且有65%的消费者认为周围饮品吧的规模面积较小,不能作为提供休闲的场所。

(3) 被调查者中,大约有70%的消费者认为学习、工作压力较大,只有很少部分消费者认为压力很小或者没有;并且,有大于50%的被调查者对休闲空间的渴求度在5分以上。也就是说,人们需要在一个干净舒适的空间内喝杯饮品,来放松自己。

(4) 被调查者中,有60%的学生在饮品消费方面在乎的是价格,有35%的学生在乎的是消费环境和氛围,只有少数学生在乎的是品牌;而工薪阶层中有30%在乎的是价格,有35%在乎的是消费环境,有20%在乎的是品牌。这就说明,大众消费者更在乎价格和消费环境,与高档的"星巴克"相比,大众人群能承受的是中低档的消费。

（5）被调查者中，学生人群有大于80％的认为没有一个适合自己的休闲场所；薪金阶层有30％选择酒吧，25％选择咖啡厅，35％认为没有适合的休闲场所。分析其原因：酒吧太嘈杂，对一般人，尤其是广大学生不适合；书店太沉闷，不适合放松；咖啡厅消费水平相对较高。所以，需要一个休闲场所，能够适应各种人群，让每个人都能找到适合自己的空间。

（6）被调查者中，有65％的会选择去尝试新的饮品吧。这就说明，现在人们接受新事物的意识很强，新的服务项目很容易被接受。

综上所述，成立一个像"星巴克"一样的中国式饮品店，将会拥有很大的市场，可行性较高。

二、目标群体分析

1. 男孩女孩店：主要针对学生消费人群

（1）众所周知，80后的一代有着他们的不羁与倔强，90后的一代有着他们张扬个性的非主流。在当今愈演愈烈的社会竞争和应试教育的强大压力下，正深处学生时代的他们急需一个不同于学校且不同于家庭的平台来展现自己、表达自己。"七久吧"通过各种渠道向学生们提供各种方式的服务，如个性涂鸦、现场演奏、自愿学习与交流等，让他们在一种轻松的环境下——一种不同于学校且不同于家庭的被动式环境中主动去学习。

（2）对于强调个性的学生们来说，他们不喜欢只是一味地听从与盲目地接受。"七久吧"为学生们提供一个个性饮品调配平台，给他们一个自己动手搭配口味的机会。因而，"七久吧"的独特平台会成为吸引学生一代的饮品店。

2. 情侣店：主要针对情侣消费人群

（1）根据观察发现，如今的大学里面情侣遍布校园的各个角落，除去平时的上课时间，每个周末可以说是情侣们的"必修课"。到哪儿寻觅一处不同于校园的场所，抛开一周以来的各种压力，以自己喜欢的一种放松方式来共度周末，成了情侣们亟待解决的问题。"七久吧"为情侣们专门量身打造的"星巴克"式的情侣店，可以为大学生情侣们提供一个兼具浪漫情调与温馨氛围的饮吧。因而，七久吧在同行中具有潜在的市场。

（2）在高人流量的区域，大多数饮品店都只是提供打包式的纯销售活动。因而，七久吧打造的情侣店提供的特色服务就市场而言具有弥补性，可以占据一定的空白市场。

（3）谈恋爱是情侣们开支中的一部分。为了买那一份浪漫，在价格差额不是天差地别时，情侣们更加倾向于购买更符合自己所需的服务。

3. 大众店：针对各类饮品消费人群

（1）针对白领阶层、中等收入阶层等具有一定经济能力的单身消费人群，"七久吧"为其提供酒类饮品,提供一个交友平台。在发泄压力的同时,他们也可以找到与自己处境相似的朋友,互相倾诉困难处境。

(2)"七久吧"是亲朋好友聚会的好去处。大众店的价位和氛围提供了一个低费用、高服务的场所,是闺中密友细说秘密,家庭主妇们闲暇时间聊天、唠家常的不错选择。

三、竞争对手的分析

目前饮品店的面积较小,而酒吧类虽有较大的场所但不适合学生或其他一部分人群,人们需要有一个安全、恬静、温馨的场所来放松自己。下面以"星巴克"为例来对竞争对手进行分析。

1. "星巴克"的优势

(1)价格定位是"多数人承担得起的奢侈品",消费者定位是"白领阶层"。这些顾客大部分是高级知识分子,爱好精品、美食和艺术,而且是收入较高、忠诚度较高的消费阶层。通过对顾客追求稳定心里倾向的分析,以一种长期稳定的服务作为基础,以"攻心战略"来感动顾客,培养顾客的忠诚度,避开别的品牌在价格和商品方面的竞争。

(2)选择了对"星巴克"扩大市场占有率很有帮助并可以成为"星巴克"优质阿拉伯咖啡豆来源地的亚洲作为海外扩张的第一站,然后将品牌推向了具有浓厚咖啡文化的欧洲。而欧洲咖啡客的悠闲,使得那里的经营者很少考虑变革和发展现代经营理念,这给"星巴克"提供了进入市场的机会。

(3)在品牌文化上,"星巴克"商品中的咖啡是一种载体。而正是通过咖啡这种载体,"星巴克"才把一种独特的格调传送给顾客。咖啡的消费很大程度上是一种感性的文化层次上的消费,文化的沟通需要的是咖啡店所营造的环境文化能够感染顾客,并形成良好的互动体验。如今,优美的"绿色美人鱼"徽标,已经与麦当劳的"m"一道成了美国文化的象征。

2. "星巴克"的劣势

(1)采用"攻心战略"培养客户的忠诚度,这必然是一个长期的战略。所以,"星巴克"回款时间将大大延长,资金的运作也必然会受到很大的限制。

(2)作为美国的一个品牌,在地区文化的差异上不可避免地会受到影响,如中国、日本等亚洲国家盛行茶文化,对于咖啡文化必然会有强烈的抵触感。此外,对于这种跨国连锁也必然会造成原味的丧失,如在国外喝"星巴克"的卡布基诺,跟在中国喝"星巴克"的卡布基诺,其味道就很不一样。

(3)"星巴克"的最初定位人群主要是受过良好教育、有较高文化品位的人士,属于高档的奢侈性消费,不能满足大众店的消费需求。

4.4.2 公司战略

公司战略包括公司的愿景、理念、发展战略、竞争与合作战略以及企业文化构建等内容。

案例二：休闲娱乐之都——"七久吧"的创业计划书

1. 总体战略

"七久吧"品牌旗下设立三个主题店，分别是男孩女孩店、情侣店、大众店。

2. 企业目标

创造中国的"星巴克"——"七久吧"，体味生活的艺术！

3. 发展战略

（1）初期（1~3年）：前期以挑战者姿态进入市场，向其他品牌的饮料店（如"星巴克"，其他奶茶店）学习。以成都为基地，面向全国，凭借特色、优质服务的优势占领市场。要以发展成为西南饮料店领头羊为目标，实现自身市场定位目标。

（2）中期（4~5年）：做出比本地经营档次要高的定位，主打高端消费市场，并不断地提升和完善。牢牢占据市场的制高点，这样不仅能远离低端店低价倾销的恶性竞争，也能远离中端店开得过剩而引发的风险危机。

（3）长期战略（5~10年）：建立自有品牌，树造品牌形象，引领消费潮流，拓展市场，发展连锁加盟事业。

4.4.3 管理体系

管理体系是对公司的组织结构、部门职责、管理机制进行阐述。市场营销则是对公司的市场定位、营销策略、目标顾客等进行分析。

案例三：休闲娱乐之都——"七久吧"的创业计划书

1. 组织结构

在公司成立初期，组织结构简单、高效，如下图所示：

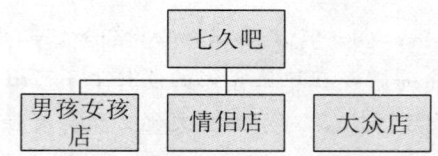

"七久吧"初期组织结构框图

2. 部门职责

（1）根据公司发展初期的发展战略，明确各部门职责。

（2）董事会：制定、修改总店与分店的发展战略、经营方针和投融资计划，决定经营中的重大事项。

(3) 总店店长：负责分店与总店的经营活动。

(4) 分店店长：主持分店日常经营管理工作，负责分店的经营活动。

(5) 人力资源部：负责招聘、培训、薪酬、员工关系、考核等。

(6) 财务部：财务工作、税务工作、投融资工作。

(7) 运营部：销售工作，负责服务产品销售，负责设备采购、原材料采购。

(8) 广告部：负责品牌形象建设，广告管理。

4.4.4 市场营销

市场营销是对公司市场定位、销售渠道、促销策略等的分析。

案例四：休闲娱乐之都——"七久吧"的创业计划书

1. 营销策略分析

面对成都市几乎接近饱和的市场，在激烈的竞争中要占据一席之地，可以采取众多的营销战略，如联合战略、差异化战略、品牌战略等。具体而言，"七久吧"以差异化战略为主，以求在竞争中取得胜利。

2. 差异化策略

特色一：聘请心理咨询师（可以从心理学专业的同学中聘请，成本较低）。随着生活压力越来越大，很多人在升学、就业、结婚、购房等问题上产生很多烦恼和苦闷，心里郁积的问题越来越多，如果不及时进行减压，就会丧失对生活的热情。专门的心理咨询费用昂贵，普通人群难以承受，我们的心理减压，不仅专业，而且价廉，能够解决更多人的问题。

特色二：由于专业、职业等原因，很多人成为单身贵族，没有机会找到自己的伴侣。与一般的中介所相比，我们的单身俱乐部价钱更低；与网络上的婚姻介绍相比，我们更真实，更可靠。

特色三：可以现场为亲友倾情演唱，也可以为你爱的他（她）点歌表达心意，相对于广播台，"七久吧"更有氛围，更有感觉，让接受你点歌的人接收到现场所有人的祝福，他（她）会更感动哦！

特色四：针对上班族和学生族，让你们在休闲之余，也可以体味书香，追求时尚，眼观世界。

特色五：随着数码产品的日新月异，我们"七久吧"更注重艺术性，其中手绘画像会带给你更大的满足感，提升你的艺术品位，这也是不错的送礼选择哦！

特色六：为回馈广大顾客，我们会竭尽所能为您实现愿望，半年抽取一次幸运者，帮你实现愿望。每月会抽取5位"久久顾客"，发给会员金卡，享受八折优惠。

特色七：人性化取胜。"空姐式服务"——尽我所能，为您所需。首先，服务人员素质高，定期培训；其次，饮品丰富质优，价格合理，主要面向中低档消费人群；再次，每个主题店有自己的空间氛围，强调艺术性，借鉴"七九八"艺术园区的设计。

特色八：三个主题，三种氛围，让不同的消费者有属于自己的世界，给你想要的感觉。

3. 促销策略

由于处于起步阶段，不适宜与品牌店竞争，前期要打好基础，重在观摩和学习。所以，前期的侧重点主要放在宣传与推广上。

（1）传单。制作能展现我们特色的传单，在人流量大的地方（如大学校园、美食街、商业步行街、大型商业广场、娱乐场所、高级大型楼盘、写字楼密集区、小区等）定时定量发放，并引导顾客体验我们的服务。

（2）海报。在店门口和橱窗上张贴大型海报，并采取以下措施：

①免费试吃，以吸引消费者的眼球，抓住消费者的胃。

②在每一个季节提出新的产品和服务，提供个性化消费。

③与各高校合作，为其学生活动提供赞助，在高校进行宣传。

（3）广告设计。

①男孩女孩吧：你的个性，我的追求。

②情侣吧：真爱TA，"七久吧"（以故事情节的形式进行广告宣传）。

③大众吧："七久吧"，我们的家。

（4）销售设计。

①男孩女孩吧：平时消费15元以上，赠玫瑰花一朵。

②情侣吧：情人节不管消费多少，均送真爱纪念照片。

③大众吧：可为小孩子准备小玩具，为金婚银婚老夫妇准备纪念礼物。

（5）背景音乐。

①男孩女孩吧：欢快的流行音乐。

②情侣吧：温馨浪漫的爱情音乐。

③大众吧：舒缓的或适合孩子的音乐。

（注：也可以承接点歌业务，应顾客要求点歌）

（6）价格策略。在保证质量的前提下，刚开始时以低于市场价的价格打入市场，但是每杯的量可以适当减少（因为来者以解渴为目的的人并不多，更多的是放松自己，寻求一个舒适的环境，而对量的要求不高）。可以设置会员卡或贵宾卡，吸引回头客。

复习与思考

4—1 基础复习题：

（1）创业计划书的编写原则是什么？

（2）创业计划书的内容包括哪几部分？

4-2 实战演练题:

如今生活水平日益提高,人们对于食品的需求不仅仅停留在饱腹的阶段,对食品味道、营养价值、个性化包装以及饮食氛围的要求也越来越高。但大学生消费能力有限,出入温馨安静的高档餐厅机会较少。请据此推出一个大学生快餐创业项目,写一份创业计划书。

5 大学生创业团队的建设

5.1 团队创业的必要性

5.1.1 团队创业的背景

创业者是创业活动的主体,是决定创业活动是否能够顺利进行下去的重要因素。根据创业者数量的不同,学界通常将创业活动分为个体创业和团队创业两种形式。随着社会经济的持续发展,市场化、全球化的不断推进,以及高科技创业的增加,单靠个人单打独斗的创业很难获得成功,因此创业团队就显得更加普遍和重要。

近年来,大学扩招使得全国普通高校的毕业生数量呈递增趋势,与此同时,来自就业市场的竞争压力却未见减缓,社会就业岗位所需就业人数接近饱和,加之部分公司急于追逐利润不愿意给予大学生过多的时间进行经验累积,从而使得大学毕业生面临着"毕业即失业"的尴尬状况。为了改变这一现状,各高校与社会各界纷纷建立相关扶持制度,支持大学生自主创业。由于大学生实践经验较少,个人创业的难度过大,因此大学生多以便于取长补短的团队形式进行创业活动,并取得了较好的成绩。

5.1.2 创业团队的概念及形成历史

团队的概念起源于20世纪50年代,是生产技术、社会心理不断发展的产物,并于60年代末到70年代初开始被西方的大型跨国公司采用。

在团队概念产生的半个世纪中,不同的学者对于其有着不同的定义。例如,卡曾巴赫曾在其《团队的陷阱》一书中从任务的角度给团队下了如下定义:团队就是由少数有互补技能,并愿意为了共同目的、业绩目标而相互承担责任的人们组成的群体。斯蒂芬·罗宾斯在《企业行为学》一书中给团队下的定义是:团队是指一种为了实现某一目标而由相互协作的个体所组成的正式群体。Shonkm 则在较早时候就把团队定义为:两个或两个以上为完成共同任务而协调行动的个体所构成的群体。Quick 认为,团队最显著的特征就是其成员都能把实现团队的目标放在首位,团队成员都拥有各自的专业技能，并且能够相互沟通、支持和合作。Katzenbach 和 Smith 则认为，团队是才能互补，并根据共同的目标设定绩效标准以及依靠互相信任来完成目标的群体。

创业团队的概念是基于团队的概念发展而来的。下面是多位学者从不同的角度对创业团队提出的自己的理解。

Kamm、Shuman、Seeger 和 Nurick 从所有权的角度指出：创业团队是由两个或两个以上参与公司创立过程并投入同比例资金的个人所组成的团队。

郭洮村从各国高科技创业团队的成员出资比例因个人经济条件差异而有所不同的现象着手，对创业团队的概念进行了解释，并首次提出了创业团队成员所持股权不等的观点。他认为，创业团队是指由两个或两个以上参与公司创立过程并投入资金的个人所组成的团队。

从人员构成的角度，Ensley and Banks（1992）认为，创业团队应该包括直接影响战略选择及产生的个人，换句话说，就是应该将董事会中占有一定股权的投资者包括在内。

从参与时间的角度，Gaylen N. Chandler 和 Steven H. Hanks（1998）提出：创业团队是指公司成立之初就对公司进行管理运作的人或在公司运营的最初两年加入公司的成员，其中不包括未持有公司股权的一般雇员。

在整合了以上从不同角度给创业团队所下的定义的基础上，Schjoedt 和 Kraus 根据团队理论给创业团队下了一个更加完善的定义。他们认为："创业团队是由具有财务或其他利益关系的、对新创企业做出过承诺的，以及未来将从新创企业成功中获利的两个或两个以上的人所构成的。他们有着共同追求的企业目标，对团队和企业共同承担着责任，在创业早期（包括创办前的一段时期）被视为负有行政管理职责的企业高管。"这个定义对创业团队的规模、职责、利益关系、合作方式、成立时间等方面做了相对完善具体的界定，比前人的成果更为先进。但是，这个定义仍然忽视了所有权与经营权的相关内容，并且该定义并不适用于相对成熟的企业，将创业团队的形成定位于创业早期的时间定义也过于局限。

基于以上种种观点，笔者将创业团队的概念定义为：创业团队是指在公司成立之前或成立初期形成的，由对公司进行管理、运营、决策工作的，并持有一定公司股份和可共享资源的，才能互补、目标一致的两个或两个以上个人所组成的群体。他们依据个人才能的不同，在群体中扮演不同的角色，对团队和企业负有不同的责任，共同获取效益，共同承担风险。

大学生创业团队是指由志同道合并有着共同兴趣爱好的大学生，为了共同的创业目标而自发结合在一起的创业团队。大学生因其思维活跃度高、思维模式尚未定型，使得其更容易接受他人的观点，团队更容易融合和更加稳固，也更容易开创和涉足创新产业。

5.1.3 创业团队的组成要素及类型

5.1.3.1 创业团队的组成要素

组建一个创业团队需要四个方面的要素：

（1）团队成员。创业团队的组成人员是决定一个创业活动是否能够顺利开展的重要因素，是完成创业计划、实现创业目标的主体。一群具有较好思考能力、办事能力的创业成员，能够理智且顺利地制订创业计划、应对各种突发状况，最终决定创业活动的命运。

（2）团队领导。创业团队的领导是一个团队的灵魂，是对一个团队进行妥善管理和运作的核心。称职的创业团队领导能够营造良好的团队氛围，塑造优秀的团队精神，引领团队有效地进行创业活动。

（3）创业目标。从本质上说，创业的根本目的在于获取利润、创造新价值。创业目标的树立，可以为创业活动指明方向，避免创业活动因现实状况的改变而偏离，造成不必要的人力、物力浪费。

（4）创业计划。创业计划书对于创业活动犹如学生的课表一般，可以指导创业团队成员在不同阶段的工作，使之有步骤地逐步推进，避免创业中的工作遗漏，防止创业活动进程迟缓，是有效实现创业目标的保障。但创业计划可随着实际情况的改变进行部分调整，最大化地保证创业活动的效率和效益。

5.1.3.2 创业团队的类型

（1）核心主导型和群体型创业团队。根据创业团队的形成方式不同，我们将创业团队划分为核心主导型创业团队和群体型创业团队两个类别。核心主导型创业团队是由单个人提出创业点子或发现创业商机后，以自身为核心组建的创业团队，通常这个人也成为创业团队的领导。群体型创业团队通常是由一群志同道合的伙伴组成的，在创业活动之前，团队成员全体或部分已有很好的交流，在团队合作和团队精神方面，也有一定的培养基础。但从团队的长期稳定和人员搭配上来说，核心主导型创业团队要比群体型创业团队更具有优势。这主要是因为，核心主导型创业团队的核心成员在选择其他成员时，会从整体的创业目标及创业计划的角度考虑团队中成员的性格、能力、专业、思维方式等方面的搭配，使团队构成更加合理和多元化，更能满足创业活动的要求，以提升整个创业团队的质量。

（2）同质型和异质型创业团队。根据团队理论和资源基础理论，我们通常将创业团队划分为同质型创业团队和异质型创业团队。同质型创业团队是指由性格、才能相似的个人组成的创业活动群体。异质型创业团队则是指由性格、才能等因素各不相同和各有所长的个人所组成的进行创业活动的群体。按照现实研究情况显示，异质型创业团队比同质型创业团队更易于获得优秀的团队绩效，而同质型创业团队在完成日常工作方面更加优秀。因此对于新创企业而言，同质型创业团队更有利于团队初期的快速发展。

(3) 节约型、单成员、混合型和嵌套型创业团队。根据知识协调程度以及认知一致程度，有学者将创业团队划分为节约型、单成员、混合型和嵌套型创业团队四个类别。节约型创业团队是由一群信念相同、利益共享的成员为处理公司目前所面临的确定性很高的事件而组成的群体。单成员创业团队就是由创业者自身即一个成员组成的团队，该成员在创业的不同时段在企业中扮演不同的角色，基于先前的知识积累和企业面临的现状做出不同的决策。混合型创业团队由至少一个创业者和至少一个节约者组成的创业组织，由创业者发现商机提出创业构想，节约者在创业者的领导下进行生产管理。嵌套型创业团队中至少包括两名创业者，以其中一人为领头、另一人辅助的方式进行创业活动，领头创业者负责为团队制定总体的经营目标、理念与思路，协助创业者则要依据领头创业者制定的经营目标、理念和思路，运用自身的专业知识和技能进行实际的实施工作。其中作为团队核心的领头创业者不必具备与创业活动息息相关的专业技能和市场知识，但必须具备极佳的创业眼光和良好的创造才能，能够紧跟时代潮流，敏锐地发现商机。为了使团队成员能够充分理解并实施领头创业者制定的战略目标和规划，领头创业者必须充分发挥自己的领导才能，加强与团队成员之间的沟通交流，营造良好的团队氛围，培养塑造良好的团队精神，最大限度地保证沟通效率和效果。

5.1.3.3 团队创业的必要性

团队创业的必要性在于，团队创业对于公司创业绩效的积极影响。不论从数量、质量，还是从区位、产业，甚至是从创业者性别的角度而言，目前，团队创业的成功性都远高于个人创业，特别是对于新创企业而言，团队创业更是其成功存活且成长起来的必要条件。

(1) 选择团队创业可以有效地应对创业的复杂因素。创业活动是一项集合了多个学科实践能力的活动，为了保证创业活动的有效进行，团队成员必须具备多样化的技能。创业团队成员的技能构成的差异性越大，所获取的信息来源越广，其制定的战略决策就越完善，改善创业绩效的成果就越明显。如果团队成员能将信息和自身的思考进行有效的交流公布，就越容易得到更优的决策。

(2) 选择团队创业可以有效地提高创业的创新水平。对于新创企业而言，其高层管理团队所能获取的信息越丰富，信息整合水平越高，其创新程度就会越显著。不论同质型创业团队，还是异质型创业团队，团队成员之间的互动交流对启发创意、促进创新都具有积极的作用。

(3) 选择团队创业可以集思广益，提高企业决策的质量和解决问题的能力。团队成员的异质性使得团队能够从不同成员身上搜集到不同方面的信息和不同角度的意见建议。而这种将不同的意见、见解引入团队进行积极讨论，可以使企业在决策之前，对企业内外部环境中的自身优劣势、存在的机会、潜在的危险等有较为全面的考虑与分析，有利于高层管理者做出高质量的企业决策，更有效地解决问题。团队成员的差异性还会使团队成员之间有着不同的兴趣点和行为方式。例如，团队中的年轻成员，更希望通过工作证明自己的能力，也更容易被创新的理念与事物所吸引；而资深员工更希望固守已有的流程与做法，最大限度地避免任何错误或损失。但是，团队中成员的差异，也会影响整个团队的目标、计划、实践等各个方面，从而影响到团队的整体发展和绩效。

（4）选择团队创业可以运用产生的团队冲突和群体压力，维持企业的长期发展。团队冲突和群体压力，是一个团队在创业过程中必然会经历的。团体冲突，一方面会对团队成员之间的协作共事产生负面影响；另一方面，也会对团队的决策产生积极的作用。团队冲突包括认知冲突和情绪冲突两种，其中认知冲突可以暴露团队协作与决策中存在的不足，从而促进团队寻找更为实际的观念和更有效的方法。因此，团队冲突如果能够被很好地利用，就能够激发出团队成员的思维，提高创造性和决策的有效性，从而提高团队成员之间的感情。研究表明，创业团队活动能够产生改变团队成员行为的群体压力。团队成员面临团队内部竞争的压力，为了避免权利和职位的丢失，在团队矛盾冲突中通常会采取求同存异的心态处理问题，在不影响大局的情况下尽可能保持沉默，以保持团队成员对自己的印象。而这种保持，最终会促使团队成员的选择与思维趋于一致，使合作更为顺畅。但是，这种一致也会间接影响团队成员的创新思维，抵消异质型创业团队的优势。因此，团队领导应对此加以适当干预，使团队压力保持在正常范围内。

5.2 成功创业团队的特征

组建成功的创业团队是成功创业的第一步。因此，我们必须了解成功创业团队的共同特征，以便参考学习。

5.2.1 具有清晰明确的目标

目标是一个团队组成的前提，也是一个团队得以持续发展的动力，它决定着企业的价值和理念。心理学家马斯洛曾说过："杰出的团队的显著特征是具有共同的愿景和目标。"这是因为进入团队的每一个成员的需要不同、目标不同、看待和处理问题的角度不同、对企业的期望也有所不同。要使得团队成员之间协作顺畅和谐，团队运行高效，就必须为公司树立一个正确且明确的共同目标来凝聚团队成员的力量，让团队成员清晰地了解"我们要完成什么""我们要怎样完成"。目标是团队的灵魂，一旦确定下来是不容轻易改变的。因此，在设计团队目标和愿景时，我们应做到如下几点：

第一，目标的明确性。这是指所确立的团队目标必须简明且具体，能让团队成员通过简单的解释甚至不需要解释就能很清晰地了解目标的内容和深层含义,并不产生理解上的歧义。

第二,目标的可行性。目标的确定应该在综合了解且深入分析了团队的内部环境、外部资源、市场占有与分配等现状后,在确保团队能实现的基础上进行确定。目标不可以定得太高,而令人望而却步;也不可以定得太低,而缺少实现动力。

第三,目标的激励性。团队制定的目标必须对团队中的每个成员都有激励效果,最好与其自身的目标和愿景相关,使团队成员都相信团队的目标,并愿意尽最大努力去实现。

第四,目标的共识性。这不仅仅是指体现出集体利益,符合团队内部成员的共同价值取向,获得团队成员对目标的支持,而且还必须符合社会规范,符合公共道德体系和价值体系,为社会大众所接受。

第五,目标的长期稳定性和可发展性。由于目标一旦确立便不容轻易更改,因而在设置目标的时候,一定要用发展的眼光,客观审视所处的环境,做出五年至十年的企业发展规划与发展前景判断,并在此基础上设置一个有预见性的目标。随着团队的变化,目标和愿景必须根据实际情况进行更新。因此,在设定目标的时候应当从深层次的内涵上进行挖掘,尽可能在不变动目标整体的前提下,发觉目标的各种扩充与联系,使其与时俱进,不断发展。

5.2.2 具有良好的团队氛围和凝聚力

人作为感性动物,无时无刻不受到情感方面的影响。因此,良好的人际关系,对于团队的整体运作有着至关重要的作用。和谐的人际关系,可以使团队成员迅速熟悉,建立起心理信任感,使新建团队从动荡快速过渡到稳定。保持团队成员之间的亲密关系,有利于形成良好的凝聚力和团队精神。团队氛围和凝聚力越好,团队的整体效能就越大,就越容易实现团队的目标。

要使团队形成良好的氛围,需要团队成员的齐心协力,按时按量履行对团队的责任和义务。对于团队管理层而言,在政策实施时,要注意公平公正,在进行管理活动时,应充分考虑到成员心理,避免不必要的伤害,从而使团队成员对团队领导甚至整个企业产生信心。团队管理层在工作中对团队成员充分信任,对团队工作进行充分授权,并提供所需要的团队信息和团队支持。团队要自己建立良好的沟通模式,尊重他人,尊重他人成果,避免矛盾的产生,不回避问题与不同意见,基于共同利益考虑事情,坦诚相见。团队领导者也要时刻关注团队氛围的变化,了解团队成员对于团队的满意度,适时进行沟通调节。

5.2.3 具有完善合理的成员搭配体系和责任利润分配体系

创业是一项复杂的工作,需要多方面的人才进行配合才能进行。组建一个成功的创业团队,并不只能招募某一领域的单一人才,而是需要接纳各方面的人才进行优势互补,从而优化团队成员的分工合作,以便形成完美的能力搭配结构。

优秀创业团队的形成是一个过程。初期形成的团队会因为其成员理念不合、公司发展需要等因素,在公司的创立过程中进行不断的人员替换,不断寻找更合适的人才进入团队。团队的形成对团队的运作和创业成败有着巨大的影响,因此团队领导必须重视发展创业团队。据调查,创业成功的团队中,多以异质型创业团队为主,团队成员多呈现互补性的特征,也就是团队每个成员在思维方式、专业技能、团队角色等方面有各自的优势,但要避免优势之间的过多重合,将他们的优势进行整合,尽力做到面面俱到。团队成员一般包括以下几类人:用以制定公司整体决策、未来发展规划的具有极高领导能力的团队领导者,用以进行产品研发的专业技术人员,用以进行对外扩展与贸易的销售市场人员,用以对团队进行专业化管理的财务、人力、行政人员。依据其才能,为其安排特定的职位,赋予相应的权力,并依据不同职位对于公司贡献的程度比例,按照合理、公平、公开的原则,进行股权分配。

5.2.4 具有符合自身要求的管理制度、激励机制和培训体系

建立健全的管理制度、激励机制和培训体系对于团队精神的形成以及团队内部运行有着促进作用。一个成功的创业团队,必须建立一套合理且实际的制度规范,并得到团队成员的认同和共同遵守。其中,管理制度主要包括团队纪律、上下级授权制度、工资奖金制度、考核升迁制度。在激励机制上,要注意激励形式的多样性,将物质激励与精神激励结合起来,正向激励与负向激励结合起来,确保激励的有效性。为了不断提高团队的整体质量,在竞争环境中取胜,就要为整个团队创造学习的机会,比对手更快地掌握技能。团队应积极营造培训氛围,使团队成员在培训中感受到乐趣和满足感。这里的培训不仅仅指所在领域专业技能上的培训,还包括员工的职业道德培养,以及团队精神的塑造。

5.2.5 团队领导具有优秀的团队领导力

团队领导是一个团队的核心,在一个团队中,他通常充当协调员的角色。团队领导的任务是为团队指明发展的方向,为团队工作提供指导意见与支持,但团队领导更重要的职责则是在精神方面,他要学会怎样鼓舞团队成员的自信心,促进团队精神和团队氛围的建立,以带动整个团队的活力,促进团队的进步,取得更好的成绩。因此,作为团队的领导,要具备优秀的领导能力,要学会相关的管理知识,具备较好的情商与智商,能够妥善处理各种人际关系问题,学会管人、育人、用人;同时,还要不断提高自身修养,学会站在较高的视角把握大局,具备发展的眼光,为团队寻求新的发展机遇。

5.3 同舟共济，成就梦想

5.3.1 创业团队的组建原则

5.3.1.1 团队目标合理的原则

团队成员应在创业之初对团队的目标进行深入且长期的商讨和修改，形成一个团队成员都能认同的最为完善的团队目标。这个目标一旦成立，被大家所接受便不容更改。团队目标应该符合团队和创业环境的实际情况，在考虑到团队可能遇到的风险与困难的前提下，制定出经团队成员共同努力就可能实现的目标。目标的合理与否，直接影响到一个团队日后工作方向是否正确，甚至对于创业活动的成败有着决定性的影响。

5.3.1.2 团队规模适中的原则

团队规模与工作效率呈现反比状态。团队规模过大，就会导致团队之间的有效交流过少，团队合作气氛和团队精神就难以塑造成型。团队缺乏凝聚力，团队成员之间缺乏相互依赖感，团队成员对团队缺乏忠诚度，都会在日后的创业活动中造成不必要的麻烦。据调查，一个高效的团队通常将团队成员控制在7人到10人之间，如果所需工作量过大，成员过多，也可采取将一个大型团队分解成几个小团队进行工作的形式，以实现团队的有效运转。

5.3.1.3 团队成员互补的原则

对于新创企业而言，虽然同质型创业团队有利于其初期更快的发展，但一个团队想要长期有效的运行，必须寻求不同性格、专业的成员加入，为创业团队带来新的思想与理念。创业团队的组建应该是在不断发现自身不足的情况下，寻求新的人员加入而进行有效的弥补，使团队成员之间形成协同效应，使团队成员之间的合作成果大于每个成员能力之和。

5.3.1.4 团队体系成熟的原则

一个优质的团队必须形成一系列符合自身需要的规章制度，并形成完善的团队工作处理方式与处理流程，对团队成员进行合理的任务职责划分，并按其工作贡献的大小进行绩效考评和利润分享。简而言之，创业团队虽说仅仅是一个团队，但也要像一个企业一样形成完善且成熟的管理运行体系，只有这样才能保证团队的持久以及创业活动的成功。

5.3.2 团队问题及其处理

5.3.2.1 团队常见的问题

随着创业活动的进行，团队不论应对外部竞争还是在内部沟通合作上都不可避免地遇到一些问题。团队常见的问题包括：

（1）团队成员的总体能力不能满足公司规模扩大的趋势。

（2）团队成员在长期合作过程中，发现彼此的思想、处事方式、发展理念等不同，甚至有极大的反差导致冲突的发生。

（3）团队成员由于性格不合，导致团队难以形成和谐的创业气氛。

（4）团队在成立初期设置的权力、利润分配方案未能在企业发展过程中进行不断地调整与改革，导致团队成员之间产生矛盾。

（5）团队领导的领导力不足，不能为团队发展指明正确的方向，也没能在团队中建立起自己的威信。

（6）团队成员对于创业活动认识不足，缺乏实践经验，甚至对其他人的创业经历了解甚少，对于创业环境和创业领域的相关知识不了解，导致空想型创业。

（7）团队内部长期难以形成优质的团队精神。

（8）团队目标长期不明确，导致创业活动进展过缓。

5.3.2.2 团队问题的处理

面对团队的这些问题，我们应该抱有积极的态度进行处理，大体上应从两个方面入手：

（1）积极培养团队精神。在任何一个团队中，团队精神犹如一只隐形的手，将团队成员紧紧地汇集在一起；而缺乏了团队精神，团队成员便犹如一盘散沙，难以协调。因此，团队建成后，就应该积极地创造机会促进团队成员之间的沟通交流，增加接触机会，提升合作能力，在共事中进行团队精神的培养与塑造。在这个过程中，要重点培养两个方面的能力：

第一，应注重培养团队成员与人沟通交流的能力。不论针对团队内部成员之间的合作，还是针对团队创业活动的外部业务拓展与交流，与人沟通交流能力的提升对于整个创业活动都有着积极的作用。我们可以重点培养团队成员的主动提问能力和倾听能力，使他们在表达自我想法和理解他人理念上都有所提高，同时这也是提高个人情商的重要环节。

第二，应注重培养团队成员与人合作的能力。团队创业不是单打独斗的过程，我们需要他人的帮助，同时也需要为他人提供帮助，这就要求我们学会合作。我们应当积极影响团队成员，使他们对他人的特长与优势有清晰客观的认识，懂得欣赏他人，并且了解到自身价值，在团队中得到他人的认可，对于他人的困难乐于积极伸出援手，在团队中形成互帮互助的合作氛围。

（2）形成并有效实施详尽的团队发展策略与规划。在团队成立之初，一般都会对团队的目标、发展规划有所描述，但在日后的创业活动中对其进行不断完善的团队很少，对于完善的目标与发展策略能够一直贯彻坚持的团队则更少。因此，要想团队在发展中能够有效解决发生的问题，就应该使团队成员对团队目标形成清晰的认识，并形成系统且成熟的管理制度和奖惩制度，团队成员应对团队制度理解认同，并自愿服从制度。有效的激励与奖惩制度可以强化团队成员对于团队贡献的思想，使团队成员将团队工作视为自身价值的极高体现，乐于为团队服务；而且，对于团队中的不良作风与事件，奖惩制度可以使犯错的团队成员从物质上和精神上都产生清晰的认识，对他人也会产生防微杜渐的作用。对于团队制定的发展策略与规划，在视现实情况进行调整的基础上，应大力贯彻执行，并对其发展进度进行追踪，保持企业正常的发展速度，维持创业活动的有效性和获利性，将过程中产生的问题的影响范围降到最低。

5.4　案例学习

案例一：

李某，西安理工大学 2007 级毕业生。在大学的最后一个学期，李某奔波于学校的各场宣讲会和招聘会之中，直到毕业前的最后一个月仍没有找到真正满意的工作。在与企业的接触过程中，李某了解到：海量的招聘信息其实鱼龙混杂，缺乏社会经验的毕业生很难从中找到适合自己的企业；同时企业也有招聘不到合适员工（而不是招聘不到合适应届毕业生）的苦恼，于是在通过简单的面试测评后就仓促签订用人协议，正式入职后才发现并不符合自己的要求，这样不免造成财力、物力、人力的浪费。2007 年 6 月，李某放弃找工作，开始产生了自主创业想法——建立一个符合大学生实际需要的求职网站，为企业和在校大学生搭建一个长期相互接触的平台，双方可以通过平台逐渐进行相互了解。大学生一入校就可以注册，与网站中的注册企业进行持续的接触，以了解企业的状况；而注册企业则对大学生在校情况进行长期监测，毕业后可直接决定是否录用。

有了这个想法，李某进行了三个月的市场调研，走访了 50 多家企业的人力资源部门，得到了大部分的肯定和许多实际的建议。在此之后，李某完善了自己的创业计划书，建立起了网站的基本构架，并获得了亲戚朋友的资金支持。

李某计划用两到三年的时间进行网站推广工作，希望在校大学生和企业进驻网站，并以向企业收取会员费的方式来盈利。三年后，在网站有了一定规模和较为广泛的用户群体后，可以通过代理广告等方式扩大网站的盈利，不断完善网站的相关服务项目，争取在 10 年后成为中国最大的毕业生招聘就业网站。

但在实际操作中，原以为寻找懂程序、会运行网站的人员不难的李某才发现组建创业团队是多么重要的事情。不是计算机专业以及相关专业毕业的他，不但不懂编程，而且甚至缺乏这个领域的人脉资源。苦苦寻找两个月后，他才找到一个比较符合要求的朋友，但缺乏资金的他们仅靠自己编程做网站至少还需要两年的时间。由于缺乏团队的支持，孤军奋战的李某最终决定放弃创业。

回想整个创业过程，李某十分后悔。他说，如果在创业初期对创业方面的知识有一定的了解或者有专业的人员给予指导和提醒，或许就不会出现这样的失误了。

案例二：

黄某，长沙理工大学2008级毕业生，主修自动化专业。2006年，黄某与同班的7名同学参加了全国创业设计大赛，虽然只进入了省级比赛，名次也并不突出，但这次参赛经历却激发了他们的创业热情。创业设计大赛结束后，黄某便和这7名同学商量怎样进行自主创业。最后，黄某决定利用专业优势，开办电脑服务公司，主要经营电脑的组装、电脑的导购、电脑的维护以及电脑零配件代售等业务。这个想法一提出就很快得到了大家积极地响应。作为核心的黄某出资3000元，其余7人每人出资1000元，集得创业启动资金一万元。2007年7月，公司正式成立，注册名称为"久创集团"。参与经营的7名同学，根据自身专业特长和性格优势进行了任务权利分配，分别掌管公司的人事、经营、财务、公关、宣传等方面的工作，店面的经营人员则由在学校招聘的勤工俭学的学生负责。作为共同创业的伙伴，8个人平时关系极好，在公司创立的第一年中，他们并没有将职位、工作量等与工资挂钩，而是采用平均分配的方式。2008年8月，公司完成初期投资的资金回笼工作，并开始盈利。为了使公司管理更加专业化，对于人员安排和工资设置进行了改革，并由公司出资对公司参与管理的人员进行了管理知识和专业技术的培训。谈起公司未来的发展，黄某表示，他会继续努力，争取早日将公司发展成为上市公司。

案例三：

季某，中南大学艺术设计专业2005级学生，在进行创业之前有着非常丰富的勤工俭学经历。进入大二学习时，她与同学合伙开了一家奶茶店，个人投资一万多元。但由于合伙人是在确定创业后经朋友介绍认识的，事先的交流沟通并不多，对其了解不足。在经营过程中，二人对店铺运营方式、产品种类等问题都产生了不少的矛盾，使得奶茶店的经营一直不能进入轨道，未能打开自己的客户群，销售额持续走低。不久，奶茶店便倒闭，季某个人亏损了4000余元。第一次创业失败对季某的打击很大，产生了巨大的心理负担，病了一个多月。但在家人、朋友的支持下，经过一段时间后，她积极调整状态，和同班同学一起投资开办了一个工作室，主要经营封面和广告板的设计工作。进行第二次创业的季某对于工作室的管理运行有了一定的思考与经验，在选择伙伴上，更是从自己身边的有着共同兴趣爱好的同学入手，经过深入了解后才决定合作。工作室顺利经营了一段时间后，季某成功收回了工作室初期建立的成本，并有余力支付起自己日常的学习和生活费用。季某的创业活动给她自己学习之余的实践创造了机会，使得季某的专业成绩也能有所提高。现在，从学校毕业的季某精心经营着自己的工作室，现已有员工9人，在当地小有名气。

案例四：

郭某，1989年毕业于复旦大学，毕业后留校任教三年。三年中，他持续关注创业市场，对各种创业形式不断进行分析，并广积人脉。在第三年，他与同事用借来的3.8万元钱创办了广信科技（1993年更名为复星科技）。郭某曾在复旦大学任校团委干部，同事梁某在校团委曾任调研部长，王某曾任生命科学学院团委书记。他们在平时工作中就建立了良好的人际关系，在生活理念、理想、人生哲学等方面都有着极大的共同之处。郭某始终坚持着"修身、齐家、治国、平天下"的理念，在企业管理中，更是将其作为了复星科技的共同追求目标。共同创业的五个人都有着极强的创业精神，不怕吃苦，敢于创业，而且他们的家人对创业活动也积极支持，这使得整个团队形成了积极和谐的创业精神。郭某是一个情商高、有魄力、为人随和的领导人，是复星集团的灵魂人物；有着很好口才的梁某现任公司副董事长兼总裁，由于他反应快、善于沟通，在公司的对外事务上处理得极为妥当，是公司公认的新闻发言人；剩下的三人中，谈某作为唯一的女性，主要负责公司的公关事务，范某主管公司投资以及房地产和体育文化产业，王某凭借其专业优势负责公司的生物医药产业。五个人依据各自的特点，很好地进行了权利分配，使得复星集团的管理工作能有效进行。现在，复星集团董事会新增了财务、人力、法律方面的专家，董事会人数的增加为集团注入了新的活力，也使得集团运作更加专业化。

复习与思考

5-1 创业团队要想取得成功，应该具备哪些基本特征？

5-2 组建创业团队的基础是什么？

5-3 当创业团队中的同学想要退出时，作为团队负责人的你会采取怎样的措施来应对这种状况？

6 大学生如何筹融创业资金

如果把企业比作人的生命，那么资金就是人体的血液，其重要性不言而喻。不论在企业发展的种子期，还是在初创期、发展期、成熟期的哪个阶段，充足的资金都是保证企业正常运作的基本前提。在创业初期，新创企业存在高风险性和不确定性，融企业所需之资，困难重重却必不可少。如何从严峻的融资环境中快速、高效筹集资金，是初创企业站稳脚跟、保持健康发展的关键所在。而大学生创业无资金、无经验，要想获得理想的资金投入更是难上加难。因此，了解大学生创业融资的相关理论与方法，就能为同学们今后的创业实践提供知识基础与理论指导。

6.1 传统和现代创业融资形式

6.1.1 融资含义的界定

融资（Financing），是指为支付超过现金的购货款而采取的货币交易手段，或为取得资产而集资所采取的货币手段（《新帕尔格雷夫经济学大辞典》）。从广义上讲，融资就是货币资金的融通，指当事人通过各种方式到金融市场上筹措或贷放资金的行为。从狭义上讲，融资即是资金筹集的行为与过程。[1] 而创业融资，则是指为启动一个创业项目而进行的货币融通行为。

6.1.2 传统创业融资形式

创业伴随商业而生，有商业存在的地方就有创业。总结传统创业融资形式，主要有亲情融资、打工积累、个人信誉融资和商业信誉融资四种类型。[2]

6.1.2.1 亲情融资

在传统商业发展中，最普遍的创业融资形式是亲情融资，即向亲戚朋友借款，从而筹集足够的资金帮助你实施创业计划。这种融资形式适用于传统的小项目融资。对于创办一家规模不大的企业来说，要想从银行或其他金融机构获得投资十分

---

[1] 徐向艺：《创业管理》，化学工业出版社2011年版，第76～94页。
[2] 李肖鸣、朱建新、郑捷：《大学生创业基础》，清华大学出版社2009年版，第118～162页。

困难。而亲戚朋友基于对创业者本人的了解和信任，出于对创业者的友谊和关照，往往都愿意慷慨解囊来帮助创业者实施创业计划。他们出资并不是为了获得利润，而是一种爱心。实践证明，许多企业都是在这种"爱心资金"的扶持下建立起来的。这种融资方式以情意为桥梁，对于筹资者来说，稳定且风险较小，基本不会出现中途撤资的风险。同时，亲情融资一般没有利息支出或仅需支付很低的利息，也不需要信用记录和资产抵押，筹资成本较低。①

6.1.2.2 打工积累

打工积累是指毕业后并不马上实施创业计划，而是先用几年时间从事相关领域的工作，待到积累一定的财富作为自己的创业资本后，再实施创业。对于使用这种创业方式的人来说，创业之前的工作不仅仅为他积累了较丰厚的创业资本，而且在工作中，对该领域的行业动态和市场导向已经有较实际的把握。利用在实际工作中积累的企业运作与管理经验，创业者的创业计划较之没有工作经验的创业者来说更易取得成功。先打工后创业的例子比比皆是。例如，20世纪80年代，大批青年跟随改革开放的热潮涌入广东沿海一带打工，赚到自己的第一桶金，并积累了丰富的工作经验。如今，这批"打工仔"早已自立门户，纷纷开创自己的事业，蜕变成身家百万、千万的大富豪了。

6.1.2.3 个人信誉融资

个人信誉融资是指利用你或者你亲属的信誉作为担保，从借贷方取得资本或实际货物的支持，俗称先拿货后付款。个人信誉融资主要适用于传统的小项目。

例如，被誉为"中国首善"的陈光标，其创业之路的初始融资就是采用个人信誉融资方式。陈光标出生在农村家庭，10岁的时候已经开始了对创业致富的探索。13岁暑假的时候，他就用叔叔的信誉担保，到冰棍批发市场"赊账批发"，每天骑着自行车跑十几里路卖冰棍，卖完后再去批发商店"付账还款"。后来，又用同样的方式做起贩粮的买卖，先用叔叔的名义担保，把邻居家的粮食"赊账买走"，运到镇上售出后再回来给邻居们结算。就这样，陈光标赚到了他的第一桶金。17岁那年暑假结束的时候，陈光标挣了两万元钱，成了全乡第一个"少年万元户"。

6.1.2.4 商业信誉融资

与个人信誉融资类似，商业信誉融资也是建立在良好的个人信誉基础上的。商业信誉融资主要是针对企业，当企业出现暂时资金周转不灵，可以利用企业自身的良好信誉，实施"先提货后付款"的融资方式。例如，你的公司出现暂时资金短缺，无法立即支付供货商的货款，但你的公司与该供货商一直有生意往来，并维持了良好的商业信誉，又从未拖欠过货款。这时，供货商可能会看在你的良好商业信誉上，允许你先拿货，等周转资金充足后，再还所欠货款。

---

① 郑丹瑜、杜阳、刘桂荣：《大学生创业融资方式比较分析》，载《中国集体经济》，2012年第15期。

6.1.3 现代创业融资形式

随着市场经济的完善与发展,金融市场愈渐成熟,并且出现了许多新兴融资渠道。现代企业融资根据不同的划分标准可以分为不同的融资形式。按资金来源方向,可以分为外源融资和内源融资;按资金供求双方的交易选择方式(即是否通过金融中介的代理选择),可以分为直接融资和间接融资;按金融工具的法律性质,可分为权益性资本融资(又称股权融资)和债务融资;按融资对象的性质,可以分为私人资本融资、金融机构融资和政府背景融资。[①] 本书按照融资对象的性质,分别介绍私人资本融资、金融机构融资和政府背景融资。

6.1.3.1 私人资本融资

私人资本融资包括自我融资、亲友融资、合伙融资、天使基金等。

(1)自我融资。这种融资形式是指投入创业者自身积累的财富作为创业启动资金。但就目前大学生创业来说,尚未参加工作,没有固定收入,私人资本比较少。自我融资更多适用于先打工、后创业的模式,即毕业后暂不创业,而是先工作积累一定的资本和工作经验后再实施创业计划。

(2)亲友融资。不论传统融资还是现代融资,亲友融资都是筹集创业资本的重要渠道。时至今日,亲友融资仍是筹集创业启动资金的主要形式之一。从取得方式来看,亲友融资不需要提供信用记录和资产抵押,实现容易;从所担风险来看,亲戚朋友所投入的资金基本上不存在中途撤资的风险,且还款时间机动,没有银行追债的压力;从还本付息来看,亲友融资基本上是零利息或仅需支付较少的利息即可,融资成本低。大学生创业时,一则没有自身资本的积累,二则缺乏经验和人际关系网络,向亲友筹钱是获得创业启动资金最简单、最有效的方式。但是,若亲友融资处理不当,容易与亲友产生嫌隙,引起矛盾,破坏感情。

(3)合伙融资。这种融资形式是指寻找到能够提供资金的合伙人,双方按照约定的出资方式出资,享有相应的权利,承担相应的法律责任和义务。合伙融资以"共同投资、共同经营、共担风险、共享利润"为原则,共同合作,优势互补。[②] 俗话说,三个臭皮匠赛过诸葛亮,大学生刚踏足社会涉世未深,缺乏创业资金和经验,合伙创业不失为一个好方法。合作伙伴的加入,不仅可以带来一定的资金,还可以为企业引进新的技术人才和管理人才,从而推动企业成长。但一般情况下,合作伙伴都要参与企业的经营和决策。因此,在引入合作伙伴的时候要选择志同道合的伙伴,同时签订好合作协议,以防止创业者与合作伙伴相处不和而导致企业解

---

① 徐向艺:《创业管理》,化学工业出版社 2011 年版,第 76~94 页。
② 张晖、金利娟:《大学生创业融资模式创新研究》,载《赤峰学院学报》(自然科学版),2012 年第 22 期。

体。① 据统计，目前大学生创办企业，大多以同学间的合作为主要形式，由合伙各方共同出资，统一管理和经营，在一定程度上提高了创业成功率。

（4）天使基金。该基金是自由投资者或非正式风险投资机构，对处于构思状态的原创项目或小型初创企业进行的一次性的前期投资。天使基金投资是一种非组织化的创业投资形式，其资金来源大多是民间资本，并非专业的风险投资商。天使基金投资的融资条件较低，即使是一个创业构思，只要有发展潜力，就能获得资金，非常符合大学生创业的特点。② 有学者指出，对刚刚起步的创业者来说，如果吃不上银行贷款的"大米饭"，也沾不了风险投资"维生素"的光，那么，靠天使融资的"婴儿奶粉"来吸收营养并茁壮成长不失为一个合适的选择。③

6.1.3.2 金融机构融资

金融机构融资包括商业银行贷款、风险投资、其他机构融资等。

（1）商业银行贷款。这类银行贷款是大学生创业融资的一个重要的渠道。④ 但是要始终牢记，"银行是赚钱的企业而不是慈善家"。大学生缺乏经营历史和信用记录，要获得银行贷款是相当困难的。目前银行贷款主要有抵押贷款、质押贷款和担保贷款，只要创业的大学生能够提供符合要求的担保物、质押物或担保人，即可以向银行申请贷款。⑤ 特别需要说明的是，大学生发明的技术专利也可以作为银行贷款的抵押物。随着国家各项创业扶持政策的出台与实施，一些银行开展了免抵押的小额贷款业务，为光头创业者（无资本无经验）带来了福音。比如，2009年中国人民银行发出通知，要求国有商业银行、城市商业银行、股份制银行和有条件的城市信用社要为高校毕业生提供小额贷款，贷款额度一般在两万元左右，贷款期限最长为两年，到期确定需要延长的可申请延期一次，并要求为大学生创业者提供开户和结算的便利，简化其他手续和程序。⑥ 随着企业的成长与发展，与银行建立良好的关系是必不可少的。大学生创业者应多了解银行贷款知识，为未来企业的发展壮大奠定基础。

（2）风险投资。这是一种新型的广泛流行的融资方式。风险投资一般是由专业的风险投资机构将大笔资金投入到具有一定规模，但尚未具备上市资格的企业，并以高新技术产业居多。风险投资的显著特点是高风险、高收益，多以股份的形式参与投资。风险投资不需要被投资的企业提供资产担保，且手续较简单，若投资失败，很可能血本无归；若企业成功上市，企业发展成熟，资本激增，风险投资商即

---

① 徐小洲、夏晓军：《创业教育：职业院校版》，浙江教育出版社2009年版。
② 张晖、金利娟：《大学生创业融资模式创新研究》，载《赤峰学院学报》（自然科学版），2012年第22期。
③ 李学东、潘玉香：《大学生创业实务教程》，经济科学出版社2006年版，第68页。
④ 张晖、金利娟：《大学生创业融资模式创新研究》，载《赤峰学院学报》（自然科学版），2012年第22期。
⑤ 张晖、金利娟：《大学生创业融资模式创新研究》，载《赤峰学院学报》（自然科学版），2012年第22期。
⑥ 董元梅：《大学生创业政策研究》，安徽大学论文，2010年。

通过抛售股票等方式收回投资基金和丰厚的盈利资本，再将资金投向其他企业。风险投资是在高风险中追求高收益，成功的例子比比皆是，如雅虎、百度、阿里巴巴等都是靠风险投资完成华丽蜕变，成为当今互联网的各方霸主。当然，也不乏投资失败、全盘皆输的例子，其中包括著名投资家保罗·艾伦投资 RCN 惨败，希克斯·缪斯投资电信公司血本无归。尽管风险投资高收益"诱人"，但风险投资机构选择"下手"已经越来越谨慎。大学生创业时，若已经有较完善的创业前景规划，不妨向风险投资机构提交有吸引力和说服力的项目计划书，可能获得风险投资的大规模投资，解决创业融资的后顾之忧。

（3）其他机构融资。除了向商业银行贷款、寻求风险投资之外，还可以通过其他金融机构获得融资，如信托公司、证券公司、租赁公司、创业投资公司、担保公司等，由其提供发行债券、融资融券、专项资金服务等业务。但是，大学生创业受经验和资本的限制，往往要在这类金融机构中获得融资是较为困难的。

6.1.3.3 政府背景融资

随着高校的不断扩招，每年毕业的大学生数量激增。面对"毕业生军团"巨大的就业压力，创业俨然成为解决就业问题、缓解就业压力的另一佳径。为了鼓励和扶持大学生创业，有的地方政府、社会组织和部分高校都建立了大学生创业基金，通过举办学生创业计划大赛或直接申请等方式，向大学生创业项目提供资金。[①] 政府背景的融资包括政策基金、高校创业基金、其他优惠政策等。

（1）政策基金。国家颁布的各项创业扶持政策基金被称为"免费皇粮"。随着创业扶持政策的落实与推进，越来越多的创业者享受到了政策基金的创业援助。政策基金风险小、信用高，只需归还本金，甚至许多项目是无偿拨款，低或者零融资成本。政策基金在很大程度上解决了创业资金难筹的困难，备受大学生创业者的青睐。例如，由国家教育部启动的大学生创新创业训练计划是我国第一次在国家层面实施的、直接面向本科生立项的创新训练项目，旨在带动广大学生在本科阶段就有机会进行科学研究与发明创造的训练，从而提高大学生的创新意识和实践能力。这一计划从 2006 年在部分高校试点，到 2011 年已在全国 120 所国家重点建设大学及地方大学开展。5 年来，国家直接资助学生项目累计达 18234 项，参与大学生达 53360 人，其中每个"创业实践项目"的资助力度平均就达到 10 万元。[②] 中国青年创业国际计划（Youth Business China）是由共青团中央、中华全国青年联合会、中华全国工商业联合会共同倡导发起的青年创业教育项目。该项目旨在动员社会各界特别是工商界的力量为青年创业提供咨询以及资金、技术、网络支持，以帮助青年成功创业。YBC 项目由共青团中央主管，由中国青少年社会教育基金会组织实

---

① 尹琦：《大学生创业原理与实务》，高等教育出版社 2011 年版，第 153~156 页。
② 张晖、金利娟：《大学生创业融资模式创新研究》，载《赤峰学院学报》（自然科学版），2012 年第 22 期。

施。2003年11月，YBC在北京启动，截止到2008年10月，YBC已扶持青年创业项目525个，创造就业岗位5000多个，其中就业人数最多的企业员工超过800人。① 除了国家统一提供创业扶持资金外，各个地方政府根据各地发展情况也设立了大学生创业基金。例如，2005年3月，上海市政府设立了上海市大学生科技创业基金。该基金用于资助上海高校毕业生以其科研成果或者专利发明创办科技企业，鼓励大学生依托科技自主创新创业，推动科技成果的产业化，培育技术创新型人才，拓宽大学生的就业渠道。2008年9月，浙江省政府设立了大学生科技创新基金，鼓励在校大学生创业。该基金资助的科技项目包括大学生科技创新项目、大学生创新创业孵化项目和大学生科技创新推广项目等。②

(2) 高校创业基金。高校创业基金也称高校自设创业扶持基金，由高校自己创立或参与管理，拥有自主支配权，是用于扶持大学生创业的非营利性创业基金。其来源主要有：学校专项拨款、校友专项捐款、社会企事业单位或个人的捐款、基金支持项目的本金回收经费、基金追加投资的所得、创业基地的收费等其他合法收入。高校创业基金主要扶持本校学生的种子期创业项目，具有涉及面广、非营利性等特点，因而深受大学生的欢迎。③ 例如，成立于2006年8月的上海市大学生科技创业基金会，是我国首家传播创业文化、支持创业实践、从事推动大学生进行科技创业活动的非营利性公募基金会。迄今为止，该基金会已在复旦大学、上海交通大学、同济大学等学校设立了14个分会及4个专项基金分会，以学校为单位，扶持大学生实施创业计划。④ 仅以复旦大学为例，复旦大学分基金会通过整合校内外的创业资源，为创业者提供完善的创业平台、丰富的创业氛围和高效的资源网络，截止到2011年12月，在校内举办免费创业培训12期，评审通过126个学生创业项目，已资助并注册大学生创业企业89家。其中复展电子科技公司曾获得30万元资助，事业发展迅速，不仅早早还完款，还向基金会捐赠30万元，感恩母校与社会。⑤

(3) 其他优惠政策。政府除了直接拨款扶持大学生创业，还颁布了一系列帮助大学生创业的优惠政策。例如，2003年5月国务院办公厅发出通知，要求有条件的地区要在现有渠道中为大学生创业提供小额贷款和担保，具体措施由地方政府规定。2009年中国人民银行发出通知，要求国有商业银行、城市商业银行、股份制银行和有条件的城市信用社要为高校毕业生提供小额贷款，贷款额度一般在两万元

---

① 李肖鸣、朱建新、郑捷：《大学生创业基础》，清华大学出版社2009年版，第118~162页。
② 张晖、金利娟：《大学生创业融资模式创新研究》，载《赤峰学院学报》（自然科学版），2012年第22期。
③ 胡宝华、胡秋儿：《高校自设创业扶持基金运行机制研究》，载《浙江纺织服装职业技术学院学报》，2011年第3期。
④ 上海市大学生科技创业基金会. http://www.stefg.org: 2013-06-11.
⑤ 中国教育网. http://www.edu.cn/gao_jiao_news_367/20111227/t20111227_723530.shtml: 2013-06-11.

左右，贷款期限最长为两年，到期需要延长的可申请延期一次，并要求为创业学生提供开户和结算的便利，简化其他手续和程序。担保最高限额为担保基金的5倍，期限与贷款期限相同，贷款利息按照中国人民银行公布的贷款利率来确定。①

6.1.3.4 几种融资形式的比较

融资形式多种多样，但并不是都适用于每一个企业。对于大学生创业者来说，根据创业项目的大小和所在领域的特点，选择合适的融资形式，是企业能否站稳脚跟、实现健康发展的关键所在。在表6-1中，总结了三种融资形式的优缺点，以期让创业者能够正确选择合适的融资形式。

表6-1 几种融资形式比较

融资渠道		优　点	缺　点
私人资本融资	自我融资	①独占利润 ②减少债务 ③决策不受外因影响	一般金额较大，自我融资无法满足融资需求
	亲友融资	①筹资速度快 ②利率较低或无息，融资成本低 ③风险小，没有逼债压力	①私人关系可能破裂 ②增加企业运作的复杂性 ③金额有限 ④可能给亲友资金带来风险
	合伙融资	汇集资金、技术等资源	①意见分歧，不利于发展 ②办事效率低
	天使基金	融资程序简单快捷，不需要抵押和担保	①门槛较高 ②金额较小
金融机构融资	商业银行贷款	金额较大	①手续繁琐，门槛较高 ②要负担利息 ③可能因追债致使企业破产 ④需要抵押和担保
	风险投资	①保证周转资金 ②提升企业实力（上市）	①风险较大 ②出让股权
	其他机构融资（证券公司等）	金额较大	①手续繁琐，门槛较高 ②要负担利息 ③出让股权
政府背景融资	政策基金	利率较低或无息，成本低	①金额较小 ②手续繁杂
	高校创业基金	①大学生易获得 ②利率较低，成本低	①金额较小，支持力度有限 ②范围较窄
	其他优惠政策		

---

① 张晖、金利娟：《大学生创业融资模式创新研究》，载《赤峰学院学报》（自然科学版），2012年第22期。

6.2 创业投资计划和盈亏平衡点

6.2.1 创业投资计划

创业投资计划是指创业者在项目启动时的投入，主要是资金的投入，用于购置办公用品、支付场地费用、聘请员工等必需的花费。在本章第一节中，已经讲了创业启动资金的筹集。在本节中，主要论述如何运用这些资金，实施创业项目的启动。

6.2.1.1 编制创业成本清单

如果把企业比喻为人体的话，那么资金就是身体中的血液，而如何使用资金就是人的大脑需要管理和思考的事。如果不会制订资金使用计划，那么就算拿到再多的创业启动资金也是徒劳的。在创业之初，到底哪些地方需要花钱呢？每个地方会花费多少钱？整个项目启动需要投入多少资金？要回答这些问题，就需要我们计算创业资金，编制创业成本清单。创业成本清单应当包括项目启动前的支出和项目启动前期的支出，反复斟酌，全面考虑启动的各个环节，不要漏掉支出项目。例如，表6-2是成都市某蛋糕店的创业成本清单。

表6-2 某蛋糕店的创业成本清单①

支出项目	金额	备注
注册登记		
设备购置		
设备安装		
三个月的房租		
房屋装修		
房屋保险		
购买一辆二手车		
第一年的车辆保险		
广告宣传		
水电接入		
原材料购买		
安装电话		
水电费		

---

① 李肖鸣、朱建新、郑捷：《大学生创业基础》，清华大学出版社2009年版，第118~162页。

续表6-2

支出项目	金额	备注
电话费		
油费		
员工第一个月工资		
员工培训		
车辆维修费		
促销宣传		
贷款利息		
还朋友借款		
其他支出		
总支出		

按照创业成本清单，对各项花费作适当估计，计算出创业所需要的资金数量，对创业融资和项目启动的作用是不言而喻的。如果在融资之前编制好创业成本清单，就可以帮助创业者确定从何种渠道去筹集资金。筹集到启动资金后，应按照创业成本清单决定花费，这样才有利于实现初创企业各项活动的正常运转，才能有效提高创业成功率。

6.2.1.2 创业投资注意事项

（1）充分估计各项支出。需要创业者估计的支出主要有项目启动前的支出和项目启动前期的支出，二者有所不同。项目启动前的支出，也称投资成本，主要包括登记注册费用、购买或租用场地、建设装修费用等；项目启动前期的支出，也称营运成本，是指企业投入运营后到盈利之前，用于维持企业正常运作的投入，包括日常办公支出、员工薪酬、水电费等开支。例如，在目前大学生创业过程中，由于一些创业者只强调项目启动前的成本支出，而忘记了计算盈利之前的运营成本，造成企业刚开张，就因为无法按时偿还贷款和支付员工薪酬等原因而火速倒闭。

（2）预留足够的周转资金。创业者在编制创业成本清单时，不应将筹集的所有资金全部用于创业启动上，还应该预留一部分周转资金。一方面，许多产品销售并不能实现即时的"货到付款"，市场上许多经销商、批发商都采用"先拿货后付款"形式，若没有足够的周转资金而仅寄希望于货款，企业是无法生存的。另一方面，企业的发展总会遇到各种意料之外的花费，在做创业投资计划时应当预留足够的周转资金，否则企业若陷入意外危机时就不能自拔。经验告诉我们，创业之初一定要尽量筹集充足的资金，精打细算，切勿用光所有的钱。正如詹姆斯·史丹索所说的那样:"如果你想飞到创业成功的天堂,就要有足够的汽油,因为中途没有加油站。"①

(3)要有恒心和毅力,因为这是一场艰苦的心理战。没有一个企业是一启动就盈利的,再好的项目在启动后都需要有一个成本回收期。有的企业一个月可以盈利,有的企业需要三个月,有的企业需要半年甚至两年……而这个时期的长短,与企业产品的行情和企业的规模大小有关。创业都是艰辛的,创业者不仅要经受初创企业辛苦的运营管理工作过程,还要经受资金的不断投入却只有少量资金回笼的心理压力。然而,功夫不负有心人,只要有恒心和毅力,只要吃苦耐劳和坚持不懈,今日青涩的创业者就必将在明日笑傲商场,成就一番伟业。

6.2.2 盈亏平衡点

6.2.2.1 盈亏平衡点的含义

盈亏平衡点是指企业生产经营中既不盈利也不亏损的平衡点,即总收入等于总成本的情况,也称保本点、零利润点。通常,它是指在一定市场、生产能力和经营管理条件下,依据项目成本与收益相平衡的原则,确定项目产量、销量和价格等指标的多边界平衡点。② 盈亏平衡分析是在成本性态分析和变动成本法的基础上进一步研究销量、价格、成本和利润的直接内在规律的联系,为企业进行预测、决策、控制和计划提供必要的财务信息的一种定量分析方法。③ 以盈亏平衡点为界限,当销售量高于平衡点时,企业盈利;当销售量低于平衡点时,企业亏损。也可以用销售收入与生产成本来衡量,当销售收入高于生产成本时,企业盈利;当销售收入低于生产成本时,企业亏损。

盈亏平衡分析可分为静态盈亏平衡分析和动态盈亏平衡分析。静态盈亏平衡分析只考虑量本利(销售量—成本—利润)之间的线性关系,将销售收入线与总成本线的交点作为盈亏平衡点,计算出处于盈亏平衡点时其销售量、成本和销售收入。在实际操作中,仅使用静态盈亏平衡分析是不够的,还要充分考虑当前市场环境下的时间价值、银行利率、所得税等其他货币政策以及通货膨胀等因素,对企业的不确定性风险进行全面的分析和评价。计算在动态市场发展中的盈亏平衡点,即为动态盈亏平衡分析。

就大学生创业来说,能够在项目投入运营前估算出企业盈亏平衡点,把握住企业的运作成本变化趋势,并计算出盈利的大概时间和盈利的大致生产量,则有利于企业的整体规划和长远发展。大学生新创企业没有可参照的经营历史,无法综合固

---

① 徐小洲、夏晓军:《创业教育:职业院校版》,浙江教育出版社2009年版。
② 韩国文:《创业学》,武汉大学出版社2006年版,第119~163页。
③ 王舰、高绍伟、孙凤娥:《盈亏平衡分析的三种实现方法》,载《会计之友》(下旬刊),2009年第9期。

定成本的折旧率和企业过去几年的生产经营成本、销售量的分析,因而只能采用静态盈亏平衡分析。当企业正式投产且正常运作后,就应全面考虑时间价值、银行利率、所得税等市场因素,做动态盈亏平衡分析了。

6.2.2.2 盈亏平衡分析的重要性

上海市大学生科技创业基金会复旦大学分基金会在发布的《2005—2010年运行报告白皮书》中指出,通过该基金成功注册的81家企业中,仅有四分之一的企业保持盈亏平衡,其余四分之三的企业均处于亏损状态。因此,在创业前对企业预期盈亏平衡点进行计算,分析处于平衡点时的大致产品销量、成本控制范围,对企业的运作与发展起着至关重要的作用。[①]

(1) 通过盈亏平衡分析,可以计算产量、销售量和成本等指标的多边界平衡点。在创业项目正式实施之前,根据计算出的预期盈亏平衡点,进行科学合理的投资。按盈亏平衡点的成本控制固定资本的投入,按盈亏平衡点的销售量进行合理生产,在允许的范围内,降低生产成本,提高生产量。

(2) 通过盈亏平衡分析,可以研究产量变化、成本变化和利润变化的关系。产量、成本、利润之间是相互联系又相互影响的,并且公司的决策变化也会引起价格、利润的变化。通过盈亏平衡分析,把握各指标的内在变化规律,有利于为公司做出科学合理的决策提供依据。

(3) 通过盈亏平衡分析,评估商品的预期盈利能力,为融资提供依据。在项目启动前应进行盈亏平衡分析,计算出预期盈利时间、成本控制量和销售量,可以降低投资风险,有利于吸引投资,提高创业的成功率。

(4) 通过盈亏平衡分析,有利于确定企业的安全边际。安全边际是指企业预期销售量与平衡点销售量之间的差额。这个差额越大,说明企业越能经得起市场需求的波动,经营越安全,风险越小。在既定的差额范围内,企业可通过控制生产成本,提高生产效率,创造更多财富,从而有利于初创企业站稳脚跟,保持健康发展。

6.2.2.3 计算盈亏平衡点

在项目启动前应进行盈亏平衡分析,使用静态盈亏平衡分析的方法。如图6-1所示,假定销售收入和销售量呈线性关系,价格是一个已知常数,不随产品销售量的变化而变化。

[①] 杜跃平、段利民:《技术创业:技术项目评价与选择》,西安电子科技大学出版社2010年版,第105~112页。

6 大学生如何筹融创业资金

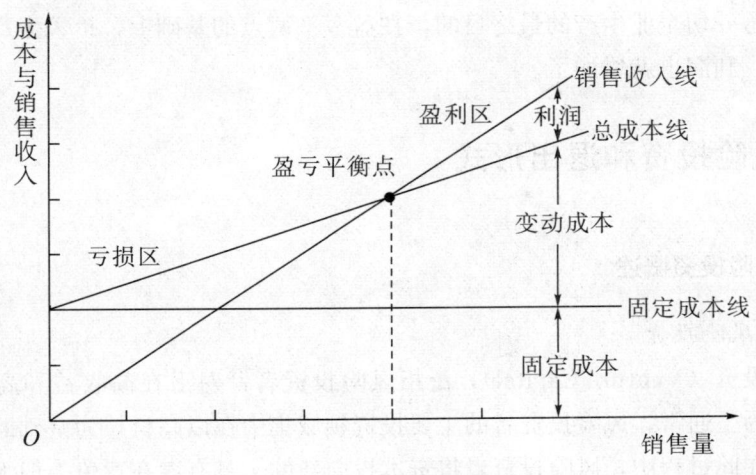

图 6-1 盈亏平衡分析图

（1）销售收入的计算：

$$销售收入 = 产品单价 \times 销售量$$

图中总成本线与销售收入线相交的位置即为盈亏平衡点。在盈亏平衡点既定的情况下，即成本处于盈亏平衡点，若销售量越多，则销售收入越高，企业越盈利；反之，若销售量太少，则销售收入不能达到盈亏平衡点，企业亏损。

（2）成本的计算：

$$总成本 = 固定成本 + 变动成本$$

固定成本是指在一定技术水平与生产规模条件下，不随产量变动而变动的成本，如固定资产折旧费、管理人员工资等。变动成本是指在一定技术水平和生产规模条件下，随产量变动而变动的成本，如原材料费、燃料费、生产工人的计件工资等。企业要达到赢利的目的，在固定成本一定的情况下，除了提高生产销售量，还应当降低可变成本，争取在有限的资源内生产更多的产品，创造更多的财富。

（3）盈亏平衡点的销售量：

盈亏平衡点是指销售收入等于总成本，故有

$$产品价格 \times 销售量 = 固定成本 + 变动成本$$

$$销售量 = \frac{固定成本 + 变动成本}{产品价格}$$

进行盈亏平衡点分析的直接目的就是找出企业处于盈亏平衡时的销售量。只有按照预期的平衡销售量进行适当投入、合理生产，才能使企业"保本经营"。企业要发展，必须有产品。但是，产品生产的投入不是盲目的，投入太少成本无法回收，投入过多风险太大，都会造成企业亏损。

（4）利润：

$$利润 = 总收入 - 总成本$$
$$= 产品价格 \times 销售量 - 固定成本 - 变动成本$$

利润是一切企业生产的最终目的,在盈亏平衡点的基础上,扩大生产规模,提高销售量,利润也就增加了。

6.3 风险投资和退出形式

6.3.1 风险投资概述

6.3.1.1 风险投资

风险投资(Venture Capital),泛指风险投资者针对潜在高收益和高风险的一切投资行为。通常,风险投资者的主要投资领域集中在以高科技为基础的技术密集型产业。在此过程中,风险投资者将资本投向新的、具有潜在竞争力但无法筹集资金或筹资困难的企业,促进新技术产品的实现与商业化,从中获得高额的资本收益;同时,风险投资者承担新技术与商品研发过程中的潜在风险,承担因风险带来的所有损失。由于风险投资大多针对的是创业企业,因而一些学者亦将其称为创业投资。

关于风险投资,国内外学者对此进行了深入研究,并对其做出了很多不同的描述。

最早的风险投资定义,是美国经济学家道格拉斯·格林沃德(Douglas Greenwood)给出的。在他主编的《经济学百科全书》中是这样描述的:"风险投资就是准备冒风险的资金,它是准备为一个有迅速发展潜力的新公司或新发展的产品经受最初风险的资金,而不是用来购置与这一公司或产品有关的各种资产的资金。"[①]

美国风险投资协会对风险投资做了较为权威的定义:风险投资是职业金融家对新兴的、迅速发展的、有巨大竞争潜力的企业(特别是中小企业)的一种股权投资行为。

在我国,1999年11月16日国务院转发的有关部门的政府文件《关于建立风险投资机制的若干意见》中指出,风险投资(又称创业投资)是指向主要属于科技型的高成长性创业企业提供股权资本,并为其提供经营管理和咨询服务,以期在被投资企业发展成熟后,通过股权转让获取中长期资本增值收益的投资行为。

6.3.1.2 风险投资类型

从风险投资企业的角度出发,根据企业所处的不同发展阶段,风险投资可分为种子资本、导入资本、发展资本、风险并购资本等四种投资类型。

(1)企业种子期的风险投资——种子资本(Seed Capital)。在新技术与商品研

---

① 道格拉斯·格林沃德:《经济学百科全书》,商务印书馆1980年版。

发前期投入的资本称作种子资本或种子资金。这一阶段的投资由于处在整个投资过程的最前期阶段，因而具有更大的投资风险，同时也具有潜在的很高的投资回报。根据不同的投资主体，种子资本有政府种子基金、风险投资机构种子基金、天使基金以及孵化基金四种类型（见表6-3）。在这些投资类型中，基于个人行为的天使基金居于主体地位。

表6-3 种子资本类型

种子资本	概 述
政府种子基金	政府为促进新技术与商品研发而设立的专项基金，具有一定的优惠性，在金额上有一定限制
风险投资机构种子基金	风险投资机构以发掘投资项目和项目发展前景而设立的基金，投资金额一般较少
天使基金	一种以个人为主体的风险投资行为
孵化基金	包括孵化器投资基金和政策投资基金两种，前者以提供企业创立及发展所需的条件和服务为主

（2）企业创立期的风险投资——导入资本（Start-up Funds）。导入资本是指在新技术与产品研发后期，产品即将上市初期的一种风险投资。该阶段的投资主要用于产品的上市试销。风险投资者在此阶段主要承担潜在的市场风险，基于不同规模企业的生产成本以及应对、抵御市场风险能力的差异，较大规模企业比中小型企业更能够得到风险投资者的青睐。

（3）企业扩展期的风险投资——发展资本（Development Capital）。顾名思义，发展资本是针对企业各方面已趋于稳定后用于企业发展和"扩张"的投资。由于该阶段的企业开始进入成熟期，潜在的风险相对之前有所减少，企业自身应对风险的能力也得到提升。风险投资者在该阶段对企业进行投资，有助于协助企业突破发展障碍，从而在较低风险下获得较高的资本回报。

（4）企业成熟期的风险投资——风险并购资本（Venture M&A Capital）。风险投资者在该阶段将风险资金融入具有巨大市场潜力的企业，并购该企业的产权，在企业发展足够成熟或不能继续健康发展时，将所持有的股权转化为资本，从中获取资本回报。该阶段的投资是风险投资者实现收益的前提。

6.3.1.3 风险投资运作流程

风险投资一般包括风险资本、风险投资者、投资企业三大主体。其中，风险资本贯穿整个投资过程，是风险投资得以实现的前提；风险投资者是风险投资流程的中心环节，承担辨认、发现投资时机，筛选投资项目，决定投资，促进投资企业快速成长等职能，包括风险投资家、风险投资公司、产业附属投资公司、天使投资人；投资企业也叫创业企业，是风险投资的投资对象，主要承担创造价值的职责。

从风险投资者角度出发，风险投资运作流程主要包括投资准备、管理投资运作、资本退出三个阶段。也可以将其细分为筹集资金、寻找投资机会、筛选投资项目、调查与评估、投资条件谈判、资金投入、创造价值、策划和实施退出等八个步骤。

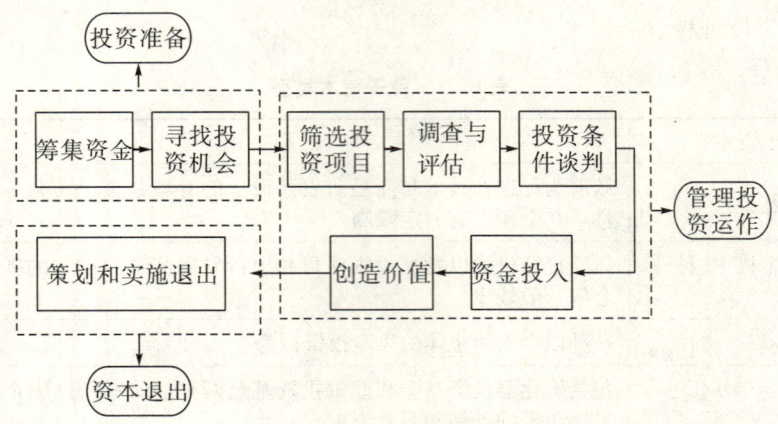

图 6-2 风险投资运作流程图

（1）投资准备。在投资准备阶段，风险投资者主要致力于筹集资金和寻找投资机会。筹集资金是风险投资的首要问题，也是最为困难的环节。目前主要的资金筹集方式是私募筹集，即风险投资家通过组建有限合伙制风险投资公司等方式向社会筹集资金，再进行资金投资运作。私募筹集资金主要来源于养老资金、企业资金、投资基金、金融资金等。除了私募资金外，还有通过股本债券向政府、银行等机构筹资，面向公众发行股票、债券，设立开放式共同基金等几种筹资方式。寻找投资项目是风险投资的开始环节，在此环节中，具有丰富投资经验的风险投资家往往能快速把握社会及经济发展动态，洞悉投资机会。

（2）管理投资运作。从筛选投资项目到管理企业、创造价值，均属于投资运作的管理范畴。由于风险投资有别于一般的投资行为，主要投资的是新技术产业，具有高风险性，需要风险投资者对投资项目进行严格的审核和良好的运营管理来降低风险，保证良好的经济效益和较高的资本回报。筛选投资项目以及对项目进行调查与评估，是风险投资是否成功的关键环节。风险投资者主要从创业者的整体素质、与创业相关的产品技术、创业企业管理状况以及现有市场状况等方面对预投资项目进行分析、评估。投资条件谈判是投资后续工作得以开展的保障。在此过程中，风险投资者与创业企业会在出资额与股份分配、双方责任及义务等方面进行协商，最终形成对双方具有约束力的法律文件。

（3）资本退出。策划和实施资本退出对风险投资者而言，是整个投资过程中最为核心的环节。风险资本进入企业的目的在于取得收益，而完美的资本退出是实现这一目的的关键。经过一系列价值的创造，无论投资过程成功与否，风险投资者都必须在适当的时机退出自己的资本，完成投资，这也是风险投资者能否开启下一轮投资的关键。

6.3.2 风险投资的特点与作用

6.3.2.1 风险投资的特点

风险投资作为一种新的投资方式，具有如下明显区别于传统的实物投资与金融投资的特点：

(1) 风险投资是一种面向高新技术领域的投资方式。高科技产业是当今世界经济发展的核心领域，社会对高新技术的需求持续增长，促进了以高新技术及相关产品研发为主要业务的企业发展。新技术、新产品的研发，一方面需要大量的资金作支撑，另一方面也蕴含着巨大的潜在收益。风险投资的出现，正是为了通过投资高新技术产业而获取潜在收益。

(2) 风险投资是一种以中小型创业企业为主要目标群的投资方式。从发展条件来看，中小型创业企业通过传统的融资渠道融资困难，资金短缺；从企业性质来看，这些创业企业是与新技术及产品挂钩的新型企业，企业本身蕴含着巨大的商机；从社会的角度来看，当下正处于鼓励创业的时代，政府的扶持和政策的倾斜给予了创业企业巨大的发展空间。正是由于需求与利益的并存，中小型创业企业成为风险投资者的投资目标。

(3) 风险投资是一种高风险与高收益并存的投资方式。风险投资的高风险与高收益是由高新技术研发的未知风险和潜在利益创造的可能性所决定的。一种新技术与新产品从研发到生产、上市，中间具有很多不确定的因素，蕴含着失败的风险。但是，一旦成功，这种以高新技术为依托的产品将具有巨大的市场竞争力，能带来巨大的投资利润回报。

(4) 风险投资是一种投资与管理相结合的投资方式。风险投资不仅仅只是资金的投入，更需要管理经验与发展规划的注入。对于经营管理经验尚浅的创业企业来讲，在获得投资者大量资金投入的同时，需要投资者提供专业的技术知识、丰富的经营管理方法以及渠道畅通的关系网来实现企业良好的管理与发展，从而创造价值。

(5) 风险投资是一种长期的股本投资。风险投资者的风险投资是一个长期的过程，在这个过程中，风险投资者通过资金注入成为企业股东，加入企业的管理经营。在企业达到充分发展或者发展成熟时，风险投资者以股权转让等退出方式退出企业，实现投资回报，结束投资行为。

(6) 风险投资是一种投资者与创业者密切配合的投资方式。风险投资的成功，需要投资者与创业者的互相信任与配合。在整个投资过程中，一方面，投资者要对创业者拥有足够的信心，大胆地将资金交给创业者进行运作并密切配合创业者，在适当的时机给予除资金外的其他方面的指导与协助；另一方面，创业者在经营管理中以及产品研发和销售中需要借助投资者的相关经验，通过与投资者进行交流合作来实现一系列企业发展的目标。

6.3.2.2 风险投资的作用

风险投资是针对高新技术的投资，专门用于开拓高新科技，以促进高新技术及其产品实现商业化和产业化。风险投资在推动创业企业发展、推进高新技术商品化和产业化，以及完善资本市场、推动金融创新等方面发挥着重要的作用。

大学生创业初期，面临着资金短缺、经验缺乏、技术条件不足等诸多困难，而风险投资凭借其无须担保、投资办理手续简单、无须还贷等优势可在大学生创业中发挥巨大的作用。

一方面，长期的资金投入，解决融资困难。资金是支持企业运作和发展的动力，融资是企业创建与发展的最大难题。刚进入社会的大学生，缺乏足够的人际网络，缺乏充足的融资途径与方法，容易导致企业陷入现金流中断的风险中。风险投资可以为大学生创业提供长期的投资，为大学生创业提供充足的资金保障，将降低企业资金流中断的风险。并且在此过程中，创业者不用承担还贷压力。

另一方面，管理经验注入，降低创业失败风险。大学生创业缺乏对市场行情的分析和掌控能力，缺乏对信息的收集和处理能力，缺少组织协调管理能力，缺少必要的人脉。在企业经营中表现出明显的经验不足，稍有不慎将会使企业陷入技术风险、市场风险、经营管理风险等各种风险之中。风险投资公司在带来资金投入的同时，为了保证投资的安全，会参与创业企业的管理。风险投资公司丰富的创业经验、强有力的市场掌控能力以及组织协调管理能力，为创业企业提供完善的管理机制与发展规划；风险投资公司凭借卓越的风险管理与应对能力，为创业企业降低可能面临的风险，为创业企业成长与发展提供保障。

6.3.3 风险资本退出原因分析

6.3.3.1 风险资本退出的必要性

所谓风险资本退出，即是指风险投资者在所投资的企业发展到一定阶段（已经发展成熟或者再无发展空间）后，通过恰当的资本运作方式将风险资本从所投资的企业中退出，以实现资本增值或降低损失的过程。风险资本退出是风险投资过程中重要的一环，既是一轮风险投资的终点，也是新一轮风险投资的起点，成功的风险资本退出是风险投资获得成功的关键。

（1）获取资本增值的途径。风险投资的目的在于追求高收益，这种高收益是在资本"投入—回收—再投入"的不断循环中实现的。一般来讲，及时、成功的资本退出不但能使投资者从被投资企业的经营中获取一定的利润，还能为投资者提供可持续流动的投资资金，为开启下一轮投资，获取新的资本增值提供条件。

(2) 推动风险投资业迅速发展的动力。风险投资业存在与发展的前提是市场的不断需求和可用于投资的大量资金的存在。就资金来讲，在投资项目发展到一定阶段后，若是没有合适的资金退出渠道，将会造成资金的沉溺，使风险投资公司面临资金断链的风险，甚至破产倒闭。而成功的资金退出，能提高风险资本运作的流动性，带来资本的扩张，使风险投资处于良性循环之中，促进风险投资业的迅速发展。

(3) 风险资本退出可促进经济发展，保持社会稳定。风险资本退出在促进风险投资业本身迅速发展的同时，也为以研发高新技术和商品为主的中小型企业的发展提供了保障。这两者的发展在完善市场结构、促进经济多元化发展、解决就业、维护社会稳定等方面都具有重要的作用。

6.3.3.2 风险资本退出的影响因素

风险资本的成功退出受到多方面因素的影响。总的来讲，可以从社会环境、风险投资者、创业企业三个方面进行分析。

(1) 社会环境方面。其一，目前中国风险资本来源以政府为主导，风险投资业的产生和发展在很大程度上依赖于政府的支持与参与。政府在推动和扶持风险投资业发展的同时，其较为苛刻的政策法规阻碍了风险资本的退出。其二，中国目前的风险投资还处在初期阶段，退出渠道并不完善，狭窄的退出通道不利于退出路径的选择。

(2) 风险投资者方面。风险投资是风险投资者寻找投资机会，评估、审核投资项目，达成投资意愿等一系列行为的过程。成功的投资与资本退出在很大程度上依赖于投资者丰富的投资经验和风险敏感度，及时洞察风险，找准退出时机，是资本成功退出的关键。

(3) 创业企业方面。创业企业的发展是建立在投资者与创业者相互信任与合作基础上的，资本的退出同样也依赖于这样的信任与协作关系。创业企业良好的经营，产品利润的实现是资本退出的前提条件；投资者与创业者之间信息对称，投资者拥有足够的话语权与知情权则是资本成功退出的保障。

6.3.4 退出方式

有效的资本退出是风险投资能够循环进行的关键，退出渠道的多少和畅通度的大小将直接影响资本的成功退出。MacIntosh 于 1997 年首次对退出方式做出归纳和分析，提出了公开发行（Public Offering）、并购（Merger Acquisition）、转售（Secondary Sale）、回购（Buyback）、清算（Write-off）五种退出方式。目前，风险投资的主要退出途径有首次公开发行、并购、股份回购和破产清算四种。

6.3.4.1 首次公开发行

首次公开发行又称首次公开募股，其定义是风险投资者将所投资的创业企业通过上市及首次发行股票,实现资金和股份的流通,风险投资者在合适的时机退出,实现资金回收。① 简言之,首次公开发行就是企业首次公开发行股票,实现资本回收和增值,具有成本低、收益率高和投资回收期短的优点。首次公开上市主要包括主板上市、中小企业板上市、海外上市、买壳与借壳上市等上市方式。

(1) 主板上市。主板市场是传统意义上的证券市场,是一个国家或地区证券发行、上市交易的主要场所。主板上市,即是创业企业在主板市场发行上市。创业企业通过主板市场上市,一方面有利于企业形象和地位的提高;另一方面,企业能获得持续的融资渠道。目前我国主板市场上市门槛较高,因创业企业存在经营不稳定、资产总额较小等问题,所以很难达到上市条件。

(2) 中小企业板上市。中小企业板市场又称作二板(创业板)市场,是在主板市场之外专门为中小企业和新兴公司提供筹资渠道,以适应中小企业特别是高科技成长企业的融资需要而建立。② 在二板市场上市,需要上市企业将本企业信息进行全面的披露。正因为中小企业板市场较低的上市门槛,使得在中小企业板上市成为创业企业资本退出渠道的主流选择。

(3) 海外上市。海外上市也称境外上市,是指创业企业在境外证券交易市场上市,向境外投资者发行股票。海外上市与国内上市相比,其法律限制较为宽松、审批流程也更简单,这对创业企业来说是一种较好的退出选择。

(4) 买壳与借壳上市。买壳上市是指非上市公司通过购买一家上市公司的股权,而取得上市地位;借壳上市是指母公司通过将资产注入上市的子公司中,而实现上市。二者都是间接上市方式,区别在于买壳上市需要先获得上市公司的控制权,而借壳上市则是已经拥有了上市公司的控制权。买壳往往指的是收购,而借壳则强调的是"利用"。

6.3.4.2 并购

并购也称股权转让,是指风险投资家出售自己在风险企业中所拥有的股份,以此获得回报并退出风险企业。③ 并购包括兼并和收购两种方式。兼并是指企业通过采取一定的有偿方式取得其他企业的产权,使被兼并方丧失法人资格或改变法人实体,强调的是多家企业合并成一家企业,并且通常是优势企业吸收劣势企业。收购是指一家企业通过现金、证券或其他形式取得另一家企业的产权,实现对该企业的控制,强调的是产权交易。创业企业在未达到上市条件的情况下,通过并购方式能实现资本退出,甚至获得可观收益。

6.3.4.3 股份回购

股份回购是指以创业企业为主体,采取一系列方式,通过回购流程将风险投资

---

① 刘楠:《风险投资退出渠道的分析》,载《商情》,2012年第42期。
② 王玉英:《我国风险投资的退出机制分析》,载《武汉冶金管理干部学院学报》,2008年第2期。
③ 陈业华、李忠盛等:《我国创业投资退出途径选择》,载《科技进步与对策》,2012年第8期。

者所持创业企业股份购回的一种资本退出方式。股份回购主要是在风险投资不是很成功的时候所采取的一种方式,它涉及创业者和投资者双方的利益。通过回购,创业者可以获取企业经营的自主权;投资者能实现资本的迅速退出,在企业发展前景不佳时降低投资风险,减少损失。股份回购包括主动回购和被动回购两种方式,其中主动回购往往是投资者和创业者实现"双赢"的表现。

6.3.4.4 破产清算

在众多资产退出途径中,破产清算是投资者和创业者最不愿选择的方式。当确定创业企业无法继续发展或者无法达到预期目标时,选择破产清算,能中断投资风险继续扩大,减少资产损失。

综上所述,每种风险投资退出方式都各有利弊。在选择风险投资退出方式时,投资者应该根据创业企业不同阶段的发展特征、市场发育的不同情况以及投资公司的发展状况,而灵活选择。

表6-4 各种风险投资退出途径的优劣势比较[①]

退出方式	优 点	缺 点
首次公开发行	①投资收益非常高,往往是投资额的几倍或几十倍; ②提高被投资创业企业和投资方的知名度与形象; ③发挥激励作用,有利于留住企业核心人才和吸引新人才; ④创业企业大量现金流入,增强了资本流动性	①对风险企业要求较高; ②发行成本昂贵; ③不能使创业资本从所投资企业中立即撤出; ④受资本市场行情的影响较严重
并购	①相比首次公开发行,时间短且费用低; ②创业资本可以迅速撤出; ③出售灵活性强	①由于信息不对称,容易导致企业价值被低估,收益率与首次公开发行相比明显偏低; ②并购会影响风险企业的独立性,企业管理层可能失去对风险企业的控制权; ③并购双方在并购后,业务的整合往往不协调,需要时间和经历磨合; ④容易产生产权不明晰的情况
股份回购	①费用少,过程简单,所需时间短; ②外部股权内部化,保持创业企业独立性; ③产权明晰	①所得收益远远低于首次公开发行方式,有时低于并购方式; ②对创业企业的资金需求量较大; ③由于现行法律限制,创业投资者不能完全退出
破产清算	可以减少继续投资经营的损失	投资收益很少,甚至出现亏损

---

① 陈业华、李忠盛等:《我国创业投资退出途径选择》,载《科技进步与对策》,2012年第8期。

6.4 案例学习

案例一:"雅虎"创造的财富神话[①]

雅虎(Yahoo!)是美国著名的互联网门户网站,也是全球第一门户资讯网站。其服务包括搜索引擎、电邮、新闻等,业务遍及全球24个国家和地区,为全球超过5亿的独立用户提供多元化的网络服务。

Yahoo! 是由美籍华人杨致远和美国青年戴维所创立的搜索引擎公司。当时,Internet 网上的万维网(www)技术开始流行,杨、戴二人也迷上了 Internet,常通宵达旦在网上漫游。作为业余爱好,他们分别搜集自己喜爱的网点,然后互相交换。随着搜集量的增加,为了便于管理,他们运用自己掌握的软件技术开发了一个数据库系统,将这些搜集到的信息分类整理成"杨致远和戴维的 www 网指南",放在万维网上让"网友"们共享,并起了一个有趣的名字"Yahoo!"。

对新的经济增长点极为敏感的风险投资者们很快就嗅到了 Internet 网上的商业气息。1995年4月,美国资源的 Sequoia 风险投资基金给 Yahoo! 注入第一笔资金,雅虎公司正式成立。1995年8月,开始了新一轮融资活动。从1995年4月第一次投资到此时短短的4个月内,专家们对 Yahoo! 的估价已升至400万美元,Yahoo! 的身价翻了10倍。

1996年,Yahoo! 开始筹备上市工作,并于当年4月正式上市,股票上市报价13美元,一开盘就飙升至24.5美元,最高冲向43美元高位,当日收盘价33美元,几乎是上市价的3倍。Yahoo! 的市值达到8.5亿美元,是一年前 Sequoia 估价的200倍!杨致远也在短短两年内由一介书生变成了亿万富翁。

2005年,Yahoo! 投资10亿美元于阿里巴巴,同时阿里巴巴全面收购雅虎中国,成为阿里巴巴旗下网站。2012年5月,Yahoo! 与阿里巴巴达成股权回购协议,回购阿里巴巴所占有的股份。2013年5月,Yahoo! 宣布将收购微博服务 Tumblr,进一步扩大自己的服务领域范围。

案例分析: Yahoo! 的例子,成功始于杨致远、戴维等人的创意,正是这种创意给自己带来极大的成功,也给社会带来巨大的财富。风险投资的魅力则在于企业股票上市后的倍增效益。通过上市变现,使这个神话般的财富创造过程画上了一个完整的句号。由此不难看出,现代风险投资的发展中,风险资本与技术创新的结合,必须借助于发达的金融资本市场的依托作用,才能得以蓬勃发展。

[①] 人民网. http://www.people.com.cn/GB/channel5/569/20000529/81212.html. 2013.6.12 (16:15).

案例二：炎黄健康传媒[①]

2004年，炎黄健康传媒创立。2006年9月，炎黄健康传媒获得软银赛富500万美元的第一轮风险投资。2007年10月，炎黄传媒获得第二轮3500万美元投资，投资机构包括兰馨亚洲（Orchid Asia）、崇德基金（CRCI）、银瑞达创业投资（Investor AB）、回风直接投资（HSBC）。2008年1月，分众传媒宣布将向炎黄健康传媒投资500万美元现金，同时还将旗下覆盖中国国内31座城市所有医院和药品连锁店的医疗保健联播网的所有权转让给炎黄传媒，分众传媒获得炎黄传媒20%的股份。

在成功获得第二轮融资后，炎黄传媒开始全国扩张和抢跑，收购了很多地方性的户外媒体公司，甚至不惜以超过竞争对手几倍的价格抢夺资源。至2007年底，炎黄传媒在全国36个城市共有液晶屏32800块。2008年爆发金融危机，投资者开始要求被投资公司节流过冬，但炎黄传媒的4000万美元融资已经在快速扩张的圈地中消耗一空。

2008年3月，公司CFO李晓东辞职，继任者张伟未满一月也离职，副总裁李艺也离职；5月左右，副总裁沈叶、人力资源总监夏海涛等离职；6月，公司COO曹黎明、影视总监李欣离职。除了管理层离职外，公司销售骨干也先后离职或被辞退。这些直接导致了公司出现严重的盈利危机。分众传媒在发现炎黄传媒的盈利能力有问题、管理团队不稳定之后，也停止了与炎黄传媒的投资合作。

由于炎黄传媒创始人赵松青与投资人之间有对赌协议，业绩不佳导致对赌失败后，她要降低在公司中的股份，但她拒绝执行该协议。2008年10月，炎黄传媒投资方与赵松青开始了一出相互弹劾的闹剧。这个时候，正是金融危机对国内经济影响最大的时候，而炎黄传媒的内忧外患，导致收入也急剧下滑，人员从高峰期的上千人缩减成几十人。前几年户外传媒这个行业过度投资，导致出现太多泡沫，即便是行业龙头老大和参照目标——分众传媒，市值已严重缩水。此刻的炎黄传媒，你可以说她还活着，也可以认为她已经死了。

案例分析：风险企业的创建，启动资金和后续资金的充沛与否是关键因素。炎黄传媒在创业初期获得了大量风险资金的注入，从这点来看，其初创阶段无疑是成功的。在之后的发展中，没有详尽的财务规划、过度的资源浪费、管理层人员的不稳定、投资人与管理人之间的不信任等一系列原因最终导致炎黄传媒财务的破产，在金融危机的冲击下奄奄一息。由此得出，创业的成功应该建立在投资者与创业者相互信任与合作基础上，并且创业者应该在花钱的基础上懂得如何挣钱。

案例三：PPG——中国风险投资界最火的案例[②]

PPG，2005年10月成立，业务模式是通过互联网售卖衬衫。轻资产、减少流

[①] 新浪微博. http://blog.sina.com.cn/s/blog_415c375f0100v2uz.html. 2013-6-13(10:28).
[②] 新浪微博. http://blog.sina.com.cn/s/blog_415c375f0100v2uz.html. 2013-6-13(10:28).

通环节的概念，加上狂轰滥炸的电视、户外广告，迅速让PPG建立起市场领导者的地位，满世界都是"Yes! PPG"的广告和吴彦祖自信的微笑。

2006年第三季度，PPG获得TDF和JAFCO Asia（集富亚洲）的第一轮600万美元的联合投资。2007年4月，PPG获得第二轮千万美元的投资，除了第一轮的TDF和集富亚洲追加投资外，还引入了KPCB（凯鹏华盈）的投资。在2006—2007年，电子商务在风险投资圈非常吃香，而PPG更是其中的佼佼者，可谓绝对的明星项目，无数同行都美慕这几家能有幸投入资金的风险投资者。

2007年底，PPG已经开始被媒体披露出一些问题，如拖欠货款、货品质量投诉等。但是，PPG仍受到数家风险投资机构的追捧，如三山投资公司击退了其他竞争对手，向PPG投入超过3000万美元的资金。三山投资公司宣称选择PPG是因为很看好PPG的市场、模式及团队，并透露PPG已计划于2009年初在美国纳斯达克上市。

2008年，PPG模式出现了凡客诚品、优衫网、CARRIS等几十家模仿者，PPG不但丢掉了行业老大的地位、官司缠身、高管流散，更传出创始人李某卷款潜逃一说。2008年，李某称自己前往美国去筹备美国公司开业事宜，之后一直未在国内现身。

2009年末，一度被誉为"服装业的戴尔""轻公司的样板"的PPG商业神话终于像肥皂泡那样破碎了。PPG总部早已人去楼空，一片狼藉，贴在墙上的法院执行裁定书则告诉人们，PPG已经关门大吉。不少消费者付款后拿不到货物，愤怒地称PPG是"骗骗哥"。随后，PPG唯一剩下可以称之为"资产"的东西——注册商标"PPG"，在拍卖中无人问津。PPG累计从上述多家知名的风险投资机构手中获得5000万美元左右的投资，彻底关门也意味着5000万美元血本无归。搜狐IT在2009年互联网大会上曾评选出5年来投资最失败网站，PPG名列榜首，成为近几年来中国互联网最大的投资笑话。

事后，有人透露了PPG失败的真正原因：创始人李某表面上是做电子商务，但配套的物流、仓储都是自己的公司，或间接与他有关，他不停地向这些公司打钱，投资人的钱作为费用变相进入他自己的名下。钱转移光了，李某也没了。他从一开始就是有预谋、有准备地圈钱，他很聪明、勤奋，执行力也够，但就是出发点不纯。

案例分析：PPG模式的生命力是毋庸置疑的，PPG的失败说明一个公司的成功，商业模式是其中的一部分，而更重要的是执行这个商业模式的操盘手。通过PPG的失败，对于创业者来说应该时刻铭记创业的目的之一是赚钱，但不能仅仅是赚钱。对于投资者，在选择投资项目时，创业企业的发展前景是调查、评估的主流，但是对创业者的调查无疑是最难也是不容忽视的。

复习与思考

6-1 大学生创业可以选择的融资方式有哪些？分别都有什么特点？

6-2 大学生创业投资应当注意什么？

6-3 小刘想在成都开一家鲜花店，请为他撰写投资成本清单。

6-4 什么是风险投资？有哪些特点？

6-5 风险投资实施退出有哪几种途径？各有什么特点？

7 大学生如何实施创业计划书

7.1 新创企业的建立和运行

大学生创业遵循企业管理发展的一般规律，但由于大学生初出茅庐，缺乏实际操作经验，在创业初期比较盲目，准备不够充分，存在较高的失败风险。正如古训所示："凡事预则立，不预则废。"在准备初期制订一份切实可行的创业计划书，对于分析创业社会环境、创业团队优劣态势具有较强的指导意义，从而提高大学生创业成功的概率。

7.1.1 新创企业的人力资源管理

"人"是企业最宝贵的财富之一，微软公司前董事长比尔·盖茨曾说，如果某天醒来，微软公司被大火烧光，给我20名最优秀员工，一切马上就可以重新开始。优秀的人才，合理的人员配置，是企业创建以及生存发展的重要源泉，重视新创企业的人力资源管理是创业走向成功的重要保证。

新创企业在人力资源管理方面要适应时代的需求。作为企业的领路者，大学生在人力资源管理方面既要做到尽自己的努力争取更多的人才，也要对人才进行合理的管理和配置。具体来说，应该做到以下几个方面。

7.1.1.1 建立新型员工关系，满足员工需要

企业对于员工来说，是体现其价值、实现其理想的地方。建立企业和员工之间的友好关系，既有利于企业本身，也有助于员工在企业中寻找到归属感，所以建立新型员工关系尤为重要。在马斯洛需求层次理论中就将员工的需求分为了五个层次，其中包括：生理上的需求，安全上的需求，情感和归属的需求，尊重的需求，自我实现的需求。不同员工的需求自然是不一样的，企业要尽可能满足员工的各种需求，才能使他们在工作中更加积极努力。

对于企业基层的工作人员（如工人等）需要更多的是满足其在生理上和安全上的基本要求，多给予他们经济上的支持，多发一些福利有利于调动他们的积极性；而对于管理阶层，他们有一定的经济基础和社会地位，对于经济上的需求看得并不是很重，而他们对于实现自己的人生价值，得到尊重和肯定他们的价值存在却是他

们的追求，给予他们适当的位置或者让他们在企业中承担一些重要的项目，则有助于他们将企业当作实现自己理想的重要平台，也有利于调动他们的积极性。

在竞争中人才是重要的资源，把握人才资源是成功的前提。由此，"终身就业"这一心理契约得到普遍重视。企业应在构筑经济和非经济两方面的报酬上满足员工的需求，并帮助他们发展。

7.1.1.2 关注知识型员工，进行知识管理

知识型人才在当今社会受到广泛关注。随着信息时代的到来，企业的竞争越来越依赖于企业的创新能力，知识型人才在创新中起着至关重要的作用。关注知识型员工，进行知识管理势在必行。

新经济时代是一个人才竞争的时代，是一个从过去的人才追逐经济，转变为经济追逐人才的时代。素质高、数量稀少、热门的人才是当今社会的主流，会获得更多的就业机会和经济报酬，人才素质的高低是企业成败的重要原因。知识型人才是企业发展的重点，而知识的创造、传播、利用和增值已经成为企业人力资源管理的主要内容。

对于知识型人才的选拔是基础，而对于知识进行管理是最终目的。关注知识型人才，进行知识管理是企业长久发展的基础。

7.1.1.3 吸引优秀人才，创建发展平台

吸引优秀人才，为他们创造发展的平台，也是企业工作的重点。大学生若想创业成功，就必须在吸引优秀人才上面下功夫，赏识人才就像伯乐识得千里马一样，既为自己的企业增加人力资源，又为人才在企业中的发展创造了有利条件。

企业吸引人才不仅仅要做到赏识人才的能力，为人才选择合适他们发展的位置和体现他们价值的工作，而且更重要的是要为他们将来的长远发展提供平台，可以适时为他们提供专业技能培训，增加到外地考察学习的机会，拓宽他们的视野，使他们更好地为企业的发展服务。

7.1.1.4 增强企业实力，坚持"以人为本"的经营理念

企业作为赢利主体在社会发展中始终是以赢利为目的的，同时也只有不断赢利，企业在竞争中才会处于不败之地。当然，赢利的目的固然重要，但"以人为本"的思想也应深入企业的经营管理中，理解员工的难处，真正为他们的利益着想，在赢利的同时重视员工个人利益和价值的实现也是很重要的。

人才是否能为企业长期发展服务，不仅取决于企业"以人为本"经营理念的贯彻情况，也取决于企业的价值观。在未来的企业中，"人高于一切"的价值观将会成为主流，成为决定企业成败的关键因素。

综上所述，大学生选择创业的时候要做一个优秀的伯乐，选择适合自己企业发展的贤才，并采用适当的方法使得人才愿意长久地留在企业中，实现他们自己的价值，也为企业创造更多的财富；同时，还要懂得人力资源配置，做好绩效考核，其

中奖罚分明也不失是企业人力资源管理的良策。唯有这样，企业的发展才可能持续。

7.1.2 新创企业的资源整合

新创企业在早期阶段，往往处于内部资源稀缺同时还难以通过市场交易获取外部资源的双重困境，即处于被称为"先天性劣势"（Liability of Newness）时期。因此，新创企业必须抢夺先机，整合各类有效的内外部资源，并占领其中关键的资源，以创造新的市场价值。

根据中外学者关于资源的分类理论，创业资源可以分为表7-1中的六种类型。并且，这六类资源可以简化为产权性的有形资源和知识性的无形资源。在知识经济时代，知识性的无形资源似乎更能决定企业的生死存亡。

表7-1 创业资源分类表

资源类型	定　义
人力资源	①智力资源； ②声誉资源； ③社会网络
物质资源	①企业运行所必需的有形资产； ②工具和设备
技术资源	由工艺、系统或实物转化方法组成
财务资源	企业创建和成长所需的资金
组织资源	①组织关系和结构； ②规章和文化； ③组织知识
市场资源	消费者或导向用户所提供的购买订单

7.1.2.1 整合资源，注重市场需求是基础

企业在社会上生存和发展的基础，是企业所生产的产品无论物质的还是非物质的，都要适应市场需要。简而言之，就是企业的产品要有广泛的消费市场。因此，若要合理地整合资源，就要注重市场导向。只有资源整合以市场需求为导向，才可以在最短的时间内达到最佳的效果。

现在中国的经济正处于转型期，企业生存过程中的资源是有限的，市场体系并不十分完善，供求关系也不完全靠市场来调节，所以企业经营和发展必须要以市场和顾客为导向，要不断地调整生产目标。只有抓住了老客户，不断吸引新客户，并把新客户培养成老客户，企业才能长存于激烈的市场竞争中。为了适应市场的发展，新创企业必须做到以下几个方面：

第一，要了解顾客需求和市场发展趋势，设计的产品在符合顾客口味的同时也

要不断加以创新，以适应时代的变化，不至于因更新换代而在短时间内被市场所淘汰，延长产品的使用周期。

第二，加强部门间的合作，将各个部门所掌握的信息进行资源共享，了解不同部门、不同生产线上的不同员工对于市场需求和顾客需要的认识，使整个企业形成对市场和顾客需求的共识。

第三，要不断进行市场评估，检验所生产的产品在社会上的被认可度，及时发现问题，进行修改。

7.1.2.2 提高学习能力，使资源整合趋于合理

大学生选择创业应怀着学习的态度不断摸索，其学习能力对于企业资源整合具有积极的意义。

通过组织学习，从管理层到普通员工都对企业的发展方向和内外环境有一定的了解，由此对于资源的合理整合以及提升企业财务绩效产生重要的影响。通过组织学习，不仅可能增加原有企业资源的数量，也可能增加企业资源的种类，更可能改变企业资源排列组合的次序，提升企业资源搭配的合理性。

任何资源的整合方式都是与企业一定时期的状态和社会发展水平相适应的。随着时间的推移，有些过于陈旧的整合方式就要退出历史的舞台；暂时合理的资源整合方式会随着技术的不断进步、企业战略的调整，以及企业资源数量和种类的不断增加而变得不够合理。企业只有不断调整、优化企业的资源结构，才能保证企业资源整合不断合理。由此，提高整个企业的学习能力，了解企业内外知识，增加资源整合方式，对于企业制定发展战略和提升企业绩效都具有重要的意义。

7.1.2.3 大量获取信息，是资源整合的保障

新创企业若想在竞争中不断提升自身的能力，掌握市场信息是重要的一个环节。尤其在社会处于信息时代、信息日新月异的当下，不断获取信息是资源整合的重要保障。获取了最新信息，生产方向就会轻松得以确定。

为此，大学生在创业期间，首先要培养自己和整个企业的信息敏锐度。一方面通过企业的信息管理人员了解社会最新动态；另一方面，通过报纸、网络等新媒体了解国家的大政方针。这样，企业的生产才有助于社会的进步和发展，企业也才能长久地生存与发展。其次要提高信息管理和利用能力。企业在建立完善的信息获取、评估、利用体系的同时，还要关注隐性信息的获取，因为隐性信息也可能成为企业资源整合的重要依据。最后要建立企业自身的信息公开系统。企业不仅要获取信息，也要向社会提供信息。而企业自身的信息公开，正是企业宣传自己的一种方式。

7.1.3 新创企业的商业模式构建

现代管理之父彼得·德鲁克说过："当今企业之间的竞争，不是产品之间的竞

争,而是商业模式之间的竞争。"可见,商业模式对于新创企业的生存和发展起着至关重要的作用。要想使得企业在竞争中占有一定的份额,让消费者了解企业,创新的商业模式的构建必不可少,创新的商业模式可为企业的发展创造更为广阔的空间。

凭借"Name Your Price"模式,Priceline 公司的 CEO 位居了 2010 年世界"财富创造者"的首位。在福布斯 2010 年度 2000 强企业中,Priceline 公司的营业额也使得"百度""联想"等望尘莫及。Priceline 是美国一家基于 C2B 商业模式的旅游服务网站,是目前美国最大的在线旅游公司。打开 Priceline 网站,最直观的可选项目就是机票、酒店、租车、旅游保险。Priceline 属于典型的网络经纪公司,它为买卖双方提供一个信息平台来方便交易,同时提取一定佣金。对于希望按照某一种住宿条件或者某一指定品牌入住的客人,Priceline 公司也提供传统的酒店预订服务,消费者可以根据图片、说明、地图和客户评论来选择他们想要的酒店,并且按照公布的价格付款。Priceline 公司所创立的"Name Your Own Price"(客户自我定价系统)十几年来一直是独树一帜,被认为是网络时代营销模式的一场变革,而 Priceline 公司则在发明并运用这一模式的过程中迅速成长。

由此可见,商业模式的创新对于大学生创业也具有重要的意义。为了实现商业模式的创新,必须做到以下几点:第一,要明确商业模式创新的本质,商业模式的本质是关于企业做什么、怎么做、怎么赢利的问题,实质是商业规律在经营中的具体应用。第二,创新的商业模式不一定是技术上的创新,也可能是某个工作环节的创新,或者是对原有模式的重组。

成功的企业各有各的不同,"海尔"的专注服务、"百度"的竞价排名、"蒙牛"的市场营销、"国美"的多成分系统模式、"联想"的多元经营、"李宁"的运动品牌经营、"娃哈哈"的渠道联营等都是商业模式的创新。大学生对于新创企业的发展,一定要从商业模式的创新上不断开拓进取。

7.2 新创企业的成长管理

大学生创业通常总是满怀着信心和期待,对新创企业的成长管理,有助于企业长存,使企业不断发展壮大。而对企业成长过程的管理也可以促进企业由小变大、由弱变强。有资料显示,我国新创企业中生命周期超不过三年的有 50%。由此可见,要对新创企业的成长过程进行妥善管理,且势在必行。

7.2.1 新创企业成长管理阶段

新创企业的成长是由小变大、由弱变强的,其成长管理也是由混乱变得规范的。通常,新创企业的成长过程可分为六个阶段(见表 7-2)。

表 7-2 新创企业的六个成长管理阶段

成长过程	焦点	短板	诚信维度	企业家的瓶颈	突破点
无管理阶段	创意	销售	客户	善恶观	责任
基础管理阶段	销售	基础管理	合作者	生死观	魄力
战略管理阶段	基础管理	战略管理	媒体	欲望观	淡名权
职业化管理阶段	战略管理	机制管理	员工	财富观	胸怀
文化管理阶段	机制管理	企业文化	政治	戒盈观	戒圆满
创新管理阶段	企业文化	创新管理	社会	近道观	大同

7.2.1.1 无管理阶段

大学生创业之初，通常是把企业生产经营状况的好坏作为出发点和落脚点的。面对激烈的市场竞争，拥有较强的竞争能力和优秀的人才为企业服务是大学生创业之初应首先考虑的问题。

在这个时候，如何将产品销售出去是管理的重点，而企业的生存和发展也是建立在顾客对企业产品满意程度上的。只要企业家具有善恶感，诚实做事，承担一个公民的基本义务，企业就会在这个阶段生存下来。但是，为了企业进一步发展，企业家还得不断完善企业的管理机制。

7.2.1.2 基础管理阶段

当企业解决了生存问题后，就会扩大生产范围，企业中的人员也会不断增加。这对于原本简单、缺乏经验的管理团队来说，无疑是一种巨大的挑战。企业的经营状况虽然在一定程度上明显比前一个阶段有所改观，但是内部会出现各种管理不善的情况，这时就需要加强管理，逐渐建立合理的管理机制。

在基础管理阶段，企业管理的重点在企业产品的销售上，这是企业壮大后扩大生产所带来的必然结果。而此时的企业在关注顾客的同时，也在竞争和合作中不断寻找合适的合作伙伴，形成企业间的合作关系。这个阶段管理的好坏会决定企业的生死，需要企业家具有魄力和勇气。

7.2.1.3 战略管理阶段

经过一定时期的发展壮大，进入战略管理阶段的企业已经初具规模，企业进入了转型期。在这个阶段，一方面企业会受到媒体的广泛关注；另一方面，行业的变化等对企业都会产生巨大的影响。所以，此时的企业需要开创管理战略。

处在转型期的企业要构建企业的核心竞争力，就必须思考企业的战略导向。而企业的战略导向则分为商品领先型、成本领先型、顾客亲密型、资源整合型和系统能力型，不同的企业可根据不同的优势，制定适合本企业发展的管理战略。此时，由于企业广受媒体关注，因而企业家必须要保持清醒的头脑，只有淡名权，才能促发展。

7.2.1.4 职业化管理阶段

这个阶段的企业不断做大做强,需要管理的事物也不断增多,管理中遇到的困难更是层出不穷,在这个时候实施职业化管理最为合适。所谓职业化管理应包含两点内涵:第一,企业的经营者不再是企业的所有者,而是所有者委托职业化经营团队来经营;第二,企业按照市场价值规律来运作,由职业化员工进行专业操作。

在这个阶段,企业的经营管理更为专业化。专业的管理团队在市场分析、企业经营状况的把握以及人员调配等方面都具有经验和专业知识。在这个阶段中,企业的所有者更要树立"以人为本"的经营理念,对专业的管理团队要有足够的信任,放手让他们去独自处理日常的经营管理事务。

7.2.1.5 文化管理阶段

俗话说:"小企业看老板,中企业看管理,大企业看文化。"可见,企业文化彰显着一个企业的实力和发展潜力,更是一个企业凝聚人心的重要因素,还是企业成长管理过程中的必经之路。企业文化是企业的管理哲学,是企业经过岁月磨砺后的精华,也是企业智慧的结晶,更是企业核心竞争力的基因。

这个时候的企业已经具有相当的规模,在社会上也具备了一定的影响力。企业文化建设使得企业生产形成企业特色,也使得企业员工认同企业文化,更是企业在整个社会生产中的宣传和标志。

7.2.1.6 创新管理阶段

创新是企业发展的不竭动力。在企业成长过程的管理中,创新管理阶段即为企业管理的最高境界。此时的企业已经臻于完善,企业需要做的就是不断超越过去,而变革和创新就是企业永葆活力的源泉。

7.2.2 新创企业成长要素分析

新创企业能否健康成长,关键在于大学生创业者在创业过程中是否能恰当地把握住新创企业成长的要素。新创企业成长要素有如下几个方面:

第一,把握商机是企业成长的重要因素,特别是对潜在商机的挖掘。这就需要大学生创业者要具备分析市场现状、了解市场需求的能力,也要具备敏锐的市场洞察力以及敢于冒险的精神和沉稳冷静的性格。

第二,具有一个组织完善的创业团队。大学生刚刚走出校园,独自一人进行创业难免会遇到各种意想不到的困难,而拥有一个创业团队合作创业是企业成长的重要因素。在团队中,分工不同,责任不同,发挥的作用也就不同,但是始终都要坚持合作,并在合作中商量出最适合企业成长的良策。

第三,创业的战略决定创业的效果。这就需要企业制定出适合企业发展的战略,不仅要适应市场需要,更要有助于企业的长远发展。

第四,建设学习型企业是企业成长的需要。企业在发展过程中需要不断地学习，只有企业的技术跟得上时代的步伐，企业所生产出的产品才能适应市场的需求，企业在市场竞争中才能处于有利地位。企业不仅要学习新技术，还要学习新思想、了解新动态，这才是企业永恒发展的动力。建设学习型企业就是要构建企业的学习氛围，使得从企业的管理者到每一位员工都能在这个企业的学习氛围中收获知识。

7.3 直面创业成败，超越创业人生

就业形势紧张的现状有目共睹，鼓励大学生自主创业不仅是解决个人就业的方式，而且其创业成功也可以为社会提供更多的就业岗位，以缓解就业压力和为社会创造财富。但是，由于大学生刚刚走出校园，存在着社会经验不够丰富、人脉网络较浅、知识积累不足等诸多问题，潜伏着创业可能会失败的风险。据媒体报道，广东大学生创业成功率只有1％，浙江最高，也仅达到4％。由此可见，创业对大学生来说，既是机遇，更是挑战。

7.3.1 失败原因分析

对于大学生来说，创业是一种走向成功的渠道，但创业之路并不是一帆风顺的。例如，华中科技大学毕业的李某在1999年获得10万元风险投资，成为"全国首家风险创业投资受益人"。她创办了武汉天行健科技开发有限责任公司，但是一年后这家公司账户上只剩100元。与此类似，上海交通大学学子创业中心被收购，清华大学学子的"易得方舟"创业团队也已不复存在。可见，创业失败的现象屡见不鲜。

7.3.1.1 涉世不深，缺乏经验

大学生刚刚走出校园，认为自己是天之骄子，对于创业充满了热情，对于成功怀抱着憧憬。可是，社会并不等同于学校，对于大学生来说，在家里有父母的宠爱，在学校有老师的庇护，而一旦走向了社会就得独立面对社会异常激烈的竞争。因为年轻，大学生在思想创新、适应时代发展等方面具有天生的优势，也正是因为年轻，他们对于社会缺乏了解，很难在短时间内将学生身份转化为企业带头人的身份。如何经营管理企业，如何加强与其他企业的合作，如何了解政策，如何构建企业文化，如何合理配置人员，这对他们来说都是新的开始，更是新的挑战。大学生创业必须要在学习中进步，要在实践中摸索。但是，社会并不会因为你正处于学习阶段、摸索时期而将竞争停滞下来等待你，也不会同情你在竞争中的劣势，更不会在你犯了错误、走了弯路的时候给你改正错误的时间。因此，对社会的了解较少，缺乏实际工作的经验，这就是大学生创业失败的首要原因。

7.3.1.2 盲目创业，缺乏分析

最初，创业可能只是一种想法，而真正想实践这种想法就必须进行系统的社会调研，走盲目跟风的创业之路是不可取的。

调研应该分为三个方面：第一，对社会需求的调研。一个企业创办后，必然会进行生产，无论产品是有形的还是无形的都应该符合社会的需要，这样才能有广阔的市场，才能将产品转化为财富。第二，对于同性质企业或者有相似经营范围的企业在本地区的数量、经营状况、企业文化以及地理位置等信息进行收集和分析。第三，大学生创业往往不是独自创业，而是会有一个团队。对于团队的选择也是调研的一个重要方面，自己的创业想法与这个团队是不是符合，自己的性格与团队成员能不能相融合，自己在团队中的位置和责任分工是不是能达到预期，这也是需要提前考虑的。而大学生往往是凭着一腔热血选择一个行业，选择一个团队，缺乏细致的分析和思考。一段时间后，却发现在所选行业中自己的企业缺乏竞争力，对于所选行业自己缺乏知识或者人脉；或者发现自己与团队在很多方面无法达成共识，自己的创业想法不能得以实现，矛盾丛生。这些问题都严重影响了大学生的创业热情。

7.3.1.3 面对困难，逃避应对

世上没有一帆风顺的事业，无论做什么总是会遇到各种困难，尤其对于创业这种风险性极大的事业更是如此，在创业期间会遇到各种挫折和挑战。由于当代大学生缺少挫折和磨难的成长环境，这就决定了他们在面对困难时很难坚持应对，积极处理，更多的则是选择逃避和放弃，结束自己的创业。在创业中面对困难和挫折的时候，坚持是重中之重，可能失败100次，但是101次将迎来成功。阿里巴巴首席执行官马云曾经说过："今天很残酷，明天更残酷，后天很美好，但绝大部分人死在明天晚上，看不到后天的太阳。"面对困难和挑战，能否坚持最初的理想是决定成功的重要原因之一。

7.3.1.4 资金不足，步履维艰

大学生走出学校后选择创业时缺乏经济基础，启动资金大多来源于父母给予。由于家庭条件、父母信任程度等因素，大学生最初的创业资金并不是很充足，这就导致了在创业过程中缺少经济支持，从而在生产、扩大生产和销售等方面都存在困难。

7.3.2 失败后心态调整

大学生创业莫以成败论英雄，是最好的心态。由于大学生的知识构成和心态特征决定了他们在创业中有高层次的需求，同时这也给他们带来了更大的挑战。虽然大学生具有"初生之犊不畏虎"的精神，但是作为大学生，在选择创业的同时还应该选择一种平和的心态，坦然面对成败。

许多大学生认为，自己是校园里的佼佼者，是天之骄子，在创业过程中不会失败。所以，往往在大学生面对失败时，他们就会片面地怀疑大学教育的实用性。然而，学校教育的责任不是教会学生如何经商，所以创业失败无须怀疑大学教育；相反，立志成为知识型经营者倒是大学熏陶所至。大学生面对失败时应客观地看待自己在大学期间的学习和生活，大学为大学生提供的是通过学习而拥有一项应对竞争的技能，也为大学生提供了积累人脉的平台，这才是学校教育的意义所在。

大学生创业失败是因为社会对大学生过于残忍？是社会没有为大学生创业提供平台？大学生创业失败后将原因归结于社会政策支持力度不够，社会关注不多等原因。就上海市而言，上海市工商局实行创业资本注册"零首付"的创新制度，上海市闸北区为青年创业配备创业导师，并提供创业补贴，而上海市松江区设立总额为1亿元政府担保基金解决大学生创业财力问题。由此可以看出，政府对于大学生创业给予了大力支持，而社会为大学生创业提供了良好的平台。

还有一部分大学生在创业失败后就认为自己的能力不行，对自己完全否定。大学生创业失败不必有什么担忧，更不必完全否定自己，失败是所有成功企业家的必修课。正视失败，客观评价自己的得失是大学生创业失败时应该具备的心态，大学生应该相信，只要永不放弃，就还会有机会；只要有梦想，坚持努力学习，就还会有机会。面对失败，既需要自省，更需要自信。

怀着一颗平常心，抱着学习的态度去创业，将创业的激情和热血延续下去是成功的关键，面对失败，不要怨天尤人，更不能一蹶不振，在失败中爬起来是走向成功的第一步。

7.3.3 经验教训总结

大学生创业无论成败都是一种学习，应不断总结经验教训，为进一步成功奠定基础。因此，大学生自主创业若想成功就必须从思想到行动上都要有所改变。

7.3.3.1 锻炼为主，盈利为次

大学生选择创业的心态会有很多种。有人认为，创业是获得人生"第一桶金"的便捷方式，可以改变生活状况；也有人认为，拥有自己的企业，成为一个企业的CEO是梦想，是自己的人生目标；还有人认为，跟随着所处的大环境，身边的人选择创业自己就跟随着一起创业。无论是何种原因，改变创业心态才是最重要的。将创业当作是对自己的一种历练，不要过分关注盈利多少和成败与否，唯有这种人生经历才是最值得珍惜的，为实现理想而不断拼搏的精神才是最珍贵的。

7.3.3.2 充满自信，积累人脉

大学生创业的过程是一个自我认识的过程，同时也是一个充满艰辛的过程。大学生要始终相信自己的能力，坚持自己最初的信念。例如，作为大学生创业成功者，上海扣贝网络科技有限公司总经理李军就曾说过：作为大学生企业，从一无所

有要做到企业成功,这个过程是很困难的。对有创业想法的或者还在决定要不要创业的大学生,我想说,要想创业就去试一下吧!你可能会摔跟头,也必然会遇到各种各样的问题,但是你必须去走。这些都是你的积累,你的财富,无论遇到什么困难,都应该一如既往地走下去,去追求你内心想要的东西。

大学生创业的过程更是一个不断积累人脉的过程,只有人脉广阔了,在遇到困难的时候才不是孤军奋战。

7.3.3.3 勇于创新,不断学习

创新是进步的源泉,大学生创业需要创新的精神。例如,华东师范大学国际经济与贸易专业 2003 级学生欧阳某,酷爱轮滑运动。升入大学后,他发现许多同学也有同样的爱好,于是萌生了开一家品牌轮滑鞋店的想法,并进行了一定的市场调查,确定了创业方案。通过向朋友借款并加上自己的部分存款,欧阳某筹集了 8 万元资金,辛苦筹备一个多月后,于 2005 年创办了"风火轮滑"专营店,开始了自己的创业历程。但是,"风火轮滑"初期的经营却不令人满意。为了改变这种局面,扩大品牌的知名度,推广轮滑运动,欧阳某频繁在上海各大高校演出,结交志同道合的朋友,吸引更多热爱轮滑的人,推广自己的品牌,同时也培养了一批新的轮滑爱好者。经过两年的摸索,"风火轮滑"已经初具规模,拥有 3 家连锁店、500 余名会员,成为轮滑协会的合作伙伴,他经营的品牌轮滑鞋也成为轮滑协会的推荐产品,为上海高校大学生熟知。欧阳某的成功可以看出,从生活中发现创新点,从生活中了解社会需求是创业成功的重要前提。

坚持学习,丰富自己的知识是创业成功的重点。主持人蔡永康说过这样一段话:15 岁觉得游泳难,放弃学习游泳,到了 18 岁遇到一个你喜欢的人约你去游泳,你只好说"我不会耶"。18 岁觉得英文难学,放弃学习英文,到了 28 岁出现一个很棒但要会英文的工作机会,你只好说"我不会耶"。人生前期越嫌麻烦,越懒得学习,后来就越可能错过让你动心的人和事,错过新风景。所以,大学生在大学期间应该广泛学习科学知识和培养适应社会的能力,只有这样长时间的积累,才能厚积薄发,帮助创业成功。

7.3.3.4 发挥优势,理智选择

大学生创业虽然处于缺乏资金、经验和人力支持的劣势,但是可以利用自己的专长,发挥优势。例如,上海大学艺术设计专业 2005 级学生季某,开设了一家画室,从事美术类高考考生的考前培训。她在创业之前有着非常丰富的勤工俭学的经历,曾先后代理过手机卡的销售、米高轮滑鞋的销售,也代理过福森造林有限公司的市场拓展业务,参加过湖南软件学院的招生工作,自制过圣诞礼物出售,还在超市等地方打过工。在经历了一系列的兼职后,进入大二学习的季某开始了自己的第一次创业:投资一万多元和别人合伙开了一家奶茶店。当时的创业初衷是想为父母减轻负担,可由于对合伙人的了解不够,在经营中产生了矛盾,不久奶茶店的经营

以失败告终。第一次创业的失败对季某的打击很大，心力交瘁，病了一个月。但一段时间后，她调整好了状态，和同学一起投资办起了一个工作室，主要进行广告板和封面的设计，开始了第二次创业。工作室经营一段时间之后收回了成本，并且能解决自己的生活费，但因为工作室的业务与自己的学习课程在时间上产生了冲突，她又被迫停止了经营。在有了两次创业的经验和教训的基础上，大学毕业后季某又投资2000多元办起了一家画室。因为季某本人对美术很有激情，而且又有通过美术考试升学的亲身体会和成功经验，画室的经营较为顺利，并有了一定的盈利。季某之所以开办画室做考前美术培训，就是因为她本身是一名美术教师，而且还是"过来人"。利用自己的专长进行创业将会大大降低创业成本，在创业的同时对自身技能又是一种很大的提高。

可见，大学生创业时选择与自己专业有关的行业，不但拥有较为丰富的经验，而且对行业也会有一定的了解和较快的适应性，同时所学专业的教师和同学又是自己创业的最好人脉。因此，选择这类企业进行创业是理智的，也能增加创业的成功率。

7.4　案例学习

案例一：研究生面馆创业失败的原因分析

（1）遥想当年：成都第一家"研究生面馆"开张。

自古君子远庖厨。去年12月24日，该市一所高校食品科学系的6名研究生声称自筹资金20万元，在成都著名景观——琴台故径边上开起了"六味面馆"。

（2）壮志雄心：5年后开20家连锁店。

第一家面馆还未开张，6位股东已经把目光放到了5年之后。一说到今后的打算，他们6位异口同声地说：当然是开分店啦！今年先把第一家面馆搞好，积累经验，再谈发展。我们准备5年后在成都开20家连锁店，到时候跟肯德基、麦当劳较量较量。

（3）情伤钱损：无人管理，草草收场。

而目前，由于面馆长时间处于无人管理和经营欠佳的状况，投资人已准备公开转让。这家当初在成都号称第一家"研究生面馆"的餐馆仅仅经营了4个多月，就不得不草草收场。

（4）内中滋味："研究生面馆"关门有内幕？

原本想以"研究生"之名来制造广告轰动效应，但事情的发展却出人预料。"研究生面馆"开业不久，6名研究生就一个个被学校领导找去谈话，要他们在学业和面馆之间做出选择：要么退出，要么退学。

（5）创业失败的原因分析：

①生意不红火，管理上也出现混乱，6名研究生称功课繁忙，店堂内经常无人管理。

②附近商家："味道不好，分量不足，吃不饱。"面馆所在街道非繁华商业市区。

③每月支出庞大，入不敷出。

案例二：经营饰品店为何失败

一个偶然的机会，我在一个本地网站的二手市场上发现有人要转让一批饰品，出于好奇，我跟那人联系，问了问情况。起初，我并没有想买，因为自己毕竟毫无这方面的经验。谁知两天后，那人反倒给我打电话，热情地说让我先看看货，迫于情面和女人的爱美心理，我答应了。那人是一个很有气质也很精明的南方妇女。她说要出国，所以想把刚从广州精心挑选来的饰品转让出去。据她介绍，做饰品利润非常高。"非典"时期利润是最少的时候，但就是那时，每月的纯利仍有2000多元。她的说法很让我动心。我随后又看了看她带来的样品。那些样品很精致，当然标价也很高。她说可以按照标价的二折转让给我，这样的话无论我怎么卖都不会赔钱。听了这话，我真的动心了。我告诉她，可是现在我还没有店铺。她听了以后又给我推荐了两个地方，并说马上就要出国，要我抓紧时间决定，因为还有别人也在跟她联系。

于是，我就去了她推荐的一个地方。那里是一个国际商业中心。市场组成大部分是小商铺，面积也就四五平方米，月租金一千元左右。这样的条件我觉得还可以接受。正巧的是这里还有几家空房，都写着转租。我试着联系了几家，有一家位置不错，租金也较低。

其实，我也怀疑过这里是否生意不好，可是问了几家店主，他们都说现在刚开业没多久，商铺嘛，肯定要养一段时间的，这个商厦有政府的投资是不会垮的。我想想，觉得这个说法还有一定道理，反正我做兼职，也不靠这个买卖吃饭，只要不赔钱就行，先在这里练练呗。别的都准备好了，现在就剩下人的问题了。我每天是要上班的，雇人又不知根底，找谁呢？我想到了待业在家的小姑子，她那么聪明能干，先帮帮忙肯定没问题。跟她一谈，她马上就同意了，说好先帮帮忙等理顺以后再雇人。万事俱备，我觉得上天可能在帮忙吧，什么事都这么顺利，注定我要干这行了。我马上接收下那批饰品并租下店面。谁知，我刚付完钱，小姑子却通知我她要准备考试，帮不了忙了，这是给我的第一个打击。

可是箭已在弦，不得不发，我只能是硬着头皮走一步算一步了。小姑不来，大不了就是雇个人呗。但是，第二个打击随后就来了。在办进场手续的时候，商厦宣称二楼是服装商场，不能经营饰品。转租的时候房东和租户都告诉我合同上写的是经营服饰，包括服装和饰品，而且当时也有其他人在经营饰品，我也就没有深究。现在管理人员告诉我，他们正在清理那些不守规定的摊位。我的心凉了一半，难道我白交租金了吗？好多人劝我先干着再说，反正现在还没管。租金已交，也只好这样了。租房后正赶上我去杭州出差，于是顺便采购了一些饰品，也采购了少量的睡衣、肚兜等，以防真的不让卖饰品我无法应付。等我回来，已经是两周之后了。时间就是金钱呐！我草草装修，把货物上柜。看着那些精美的货物，我还是很有信心的。刚开始没有雇员，我和老公就下了班轮流去，虽然辛苦点，但是能够做成生意还是很高兴的。白天的时候想到店里正关着门，心里就火烧火燎的，于是贴出了招聘广告。好在没几天，就有人介绍了个小姑娘给我。我看了看，感觉小姑娘条件还不错，就雇用了她。有了人，我就省心了，什么事都有人顶着，自己只是在没事时去抽查一下，看看缺什么货，就去附近的批发市场进些货。我发现，总有人问我店里没有的东西，比如指甲油、假睫毛、唇油、钥匙链等。应顾客需求，这些货我都进了些。两个月下来一盘点，每个月都要亏损一二百元，我认为生意刚开始也没有太介意。谁知道，这个商厦的情况每况愈下，过了七、八月份的旺季，顾客越来越少。这个商厦的开发商是地产商，他们在开盘时炒作得非常厉害，买商铺的人甚至连夜排队，然而商铺卖出后他们就不再宣传。商厦都开业半年了，附近住的人竟然还有不知道的。而且，由于商铺大部分都卖给了个人，由业主进行出租，给管理带来了很大困难，到后来根本无法管理。另外，由于开始大家对商厦的期望值很高，租金也定得很高，相应的商品价格也就水涨船高，而附近居民的购买力和层次并不高。这也是造成人们望而却步的原因之一。

随着客流量日渐减少，商户的商品开始积压，大家情绪十分低落。一些商户在秋冬季还在卖夏天的衣服，有的商户干脆退场，有的商户没退场却也总是关着门，而开着门的商户整天打牌、下棋，顾客寥寥无几，生意实在惨淡。商场的这种情况使客流量更加稀少，如此形成恶性循环。到后来，商场的摊位租金降到300元，可是我赔钱赔得更厉害了。那时我连服务员都雇不起了，因为雇人比关着门还要赔钱。合同到期后，90%的商户已经撤场。我也无法再继续支持下去，只得收场。到现在，我的手里还剩下一堆精美的但已经过时的饰品。

这场生意我支撑了半年，赔掉了几千元钱，不过，我从中也积累了不少经验和教训。总的来说有以下几点：

第一，选择项目一定要谨慎，尤其是涉足自己不了解的行业，最好有行家指导，要多做调查研究。

第二，对于饰品来说，一般不要接手转让的，因为再好的饰品都有时尚性，过了时就一文不值。

第三，做买卖最重要的是选址，不仅要考察地理位置，也要考察客流量以及附近居民的购买能力，同时还要考察物业的管理能力。千万不能租那种产权和经营权都出售给个人的商铺。如果一个地方同时有很多商铺转让，一定不能租。

第四，开始进货不要求全求多，货再全也会有人需要你没有的货，而进太多的货就会占压资金。

第五，创业并不是一件容易的事，创业初期要付出很多的精力和时间，因此兼职创业要有足够的时间和自由度才能考虑。要审时度势，见好就收。如果是自己无法控制的原因造成经营不好，就应该马上止损撤退，另谋高就，以避免更大的损失。

案例三：两个月就关张的食品杂货店

大学生小刘毕业后一直想自己做老板，看到邻居在小区里开了一个食品杂货店收益一直不错，颇为心动。于是，小刘租了小区内一个库房做店铺，筹集了一万多元钱做启动资金，进了一些货品，开了一家食品杂货店。但经营了两个月后，小刘的食品杂货店就撑不住了，不得已只好关张。为什么同样是食品杂货店，邻居可以干得红红火火，小刘的店就经营惨淡呢？原来，小刘为了突出自己食品杂货店的特色，没有像邻居一样进茶、米、油、盐等大众用品，而是将经营范围锁定在沙司、奶酪、芝士等一些西餐调味食品上。但是，小区里的居民对她的货品需求量少，加之她的店铺位置在小区边缘，而且营业时间不固定，由着她的性子开，所以生意不红火。

市创业培训中心专家指出：小刘创业之初求新求异的心理，很多大学生都有，这既是优点也是致命的缺点。经营需要有自己的特色，但是经营要符合市场环境的需要。像小刘的食品杂货店之所以会关张，就是因为她没有搞好市场调研，这个食品杂货店如果在一个涉外社区内也许会经营得很好，但是她选择的是一个普通居民区。普通社区里的食品杂货店对茶、米、油、盐的需求远远要大于沙司、奶酪、芝士等西餐调味品，再加之店铺的选址不合适，营业时间不固定，也是小刘创业失败的原因。

复习与思考

7-1 面对财务总监的离职，你如何应对？

7-2 选择一个感兴趣的行业，根据目前行业发展状况，陈述一个新创企业的发展和管理思路。

7-3 简要列举新创企业管理流程中的主要工作。

参考文献

（一）著作

[1] Kirzner I M. Perception, Opportunity, and Profit: Studies in the Theory of Entrepreneurship [M]. Chicago: University of Chicago Press, 1979.

[2] 道格拉斯·格林沃德. 经济学百科全书 [M]. 北京：商务印书馆，1980.

[3] 杰弗里·蒂蒙斯. 创业学（第六版）[M]. 北京：人民邮电出版社，2002.

[4] 杜跃平，段利民. 技术创业：技术项目评价与选择 [M]. 西安：西安电子科技大学出版社，2010.

[5] 韩国文. 创业学 [M]. 武汉：武汉大学出版社，2006.

[6] 胡海峰. 风险投资学 [M]. 北京：首都经济贸易大学出版社，2006.

[7] 蒋璟萍. 大学生创业环境论 [M]. 北京：知识出版社，2003.

[8] 李莉莉. 美国管理技术大学工商管理硕士优秀论文集（第1辑）[M]. 北京：中国财政经济出版社，2002.

[9] 李肖鸣，朱建新，郑捷. 大学生创业基础 [M]. 北京：清华大学出版社，2009.

[10] 李学东，潘玉香. 大学生创业实务教程 [M]. 北京：经济科学出版社，2006.

[11] 吴自力，赵广辉. 风险投资与二板市场 [M]. 南宁：广西人民出版社，2001.

[12] 徐向艺. 创业管理 [M]. 北京：化学工业出版社，2011.

[13] 徐小洲，夏晓军. 创业教育：职业院校版 [M]. 杭州：浙江教育出版社，2009.

[14] 尹琦. 大学生创业原理与实务 [M]. 北京：高等教育出版社，2011.

（二）期刊、报纸论文

[1] Holcombe R. The Origins of Entrepreneurial Opportunities [J]. The Review of Austrian Economics, 2003, 16 (1): 25-43.

[2] Krackhardt D. Entrepreneurial Opportunities in an Entrepreneurial Firm: A Structural Approach [J]. Entrepreneurship Theory and Practice, 1995, Spring: 53-69.

[3] Sarason Y, Dean T, Dillard J F. Entrepreneurship as the Nexus of Individual

and Opportunity: A Structuration View [J]. Journal of Business Venturing, 2006 (21): 285-305.

[4] Shane S, Venkataraman S. The Promise of Entrepreneurship as a Field of Research [J]. Academy of Management Review, 2000, 25 (1): 217-226.

[5] 曹欣. 创业投资退出机制的分析与中国实现方式研究 [J]. 华中科技大学学报: 社会科学版, 2003 (3).

[6] 陈瑞英, 顾征. 新世纪日本高校的创业教育: 现状与课题 [J]. 高等工程教育研究, 2010 (3).

[7] 陈业华, 李忠盛等. 我国创业投资退出途径选择 [J]. 科技进步与对策, 2012 (8).

[8] 高剑清. 日本支持创业的政策与措施 [N]. 中国信息报, 2011.

[9] 胡宝华, 胡秋儿. 高校自设创业扶持基金运行机制研究 [J]. 浙江纺织服装职业技术学院学报, 2011 (3): 86-88.

[10] 胡静波. 日本的创业环境及其积极作用 [J]. 经济导刊, 2010 (9).

[11] 姜玲燕, 刘欣宜. 日本风险投资业发展经验对我国的启示 [J]. 华商, 2007 (10).

[12] 金艳红. 日本创业支持机制的研究 [J]. 中国经贸导刊, 2010 (7).

[13] 李佳, 郭秀君. 风险投资浅谈 [J]. 科技情报开发与经济, 2008 (6).

[14] 李清泉, 郑吉峰. 创业计划竞赛对大学生创新创业能力培养——以湖南科技学院为例 [J]. 湖南科技学院学报, 2011 (12).

[15] 李志永. 日本大学创业教育的发展与特点比较教育研究 [J]. 比较教育研究, 2009 (3).

[16] 刘楠. 风险投资退出渠道的分析 [J]. 商情, 2012 (42).

[17] 马红雨. 日本风投啥模样 [N]. 证券日报, 2008.

[18] 马章良. 美国、日本、中国大学生创业教育的比较与启示 [J]. 职业技术教育, 2011 (8).

[19] 邱宣. 美国企业孵化器发展及对我国的启示 [J]. 东北亚论坛, 2006 (9).

[20] 王进才. 风险投资的六大特点 [J]. 管理与财富, 2000 (4).

[21] 王舰, 高绍伟, 孙凤娥. 盈亏平衡分析的三种实现方法 [J]. 会计之友 (下旬刊), 2009 (9).

[22] 王晓斌. 中美创业系统资金技术支持比较分析及启示 [J]. 教育与职业, 2011 (12).

[23] 王玉英. 我国风险投资的退出机制分析 [J]. 武汉冶金管理干部学院学报, 2008 (2).

[24] 吴剑平. 大学生创业计划竞赛概观 [J]. 江苏高教, 2000 (4).

[25] 吴进红, 杨蓉. 美国政府支持创业与风险投资模式及其借鉴 [J]. 世界经济与政治论坛, 2007 (1).

[26] 谢丽丽. 日本高校创业教育课程模式及典型个案分析 [J]. 教育探索，2010（10）.

[27] 颜士梅，王重鸣. 创业机会的观点：存在、结构和构造思路 [J]. 软科学，2008（2）.

[28] 尹睿哲. 政府对创业投资的支持：创业投资引导基金的比较研究 [J]. 管理观察，2009（3）.

[29] 张晖，金利娟. 大学生创业融资模式创新研究 [J]. 赤峰学院学报：自然科学版，2012（22）.

[30] 张亮，刘平青. 浅论风险投资的特点 [J]. 计划与市场，2000（12）.

[31] 张杨，胡瑞琦. 中美高校创业大赛模式的比较及其启示 [J]. 世界教育信息，2012（8）.

[32] 张彦军. 风险投资在大学生创业中的应用与实践 [J]. 河南科技学院学报，2012（9）.

[33] 赵纹纹. 美国大学生创业环境分析 [J]. 赤峰学院学报：汉文哲学社会科学版，2011（1）.

[34] 郑丹瑜，杜阳，刘桂荣. 大学生创业融资方式比较分析 [J]. 中国集体经济，2012（15）.

[35] 邹绍清. 国外大学生"以创业促就业"的做法与启示 [J]. 中国人才，2009（7）.

（三）学位论文

[1] 柴旭东. 基于隐性知识的大学创业教育研究 [D]. 华东师范大学博士论文，2010.

[2] 董爱文. 中国创业风险投资退出机制分析 [D]. 上海社会科学院，2011.

[3] 董元梅. 大学生创业政策研究 [D]. 安徽大学，2010.

[4] 马伟. 营口温泉旅游发展战略研究 [D]. 大连理工大学，2008.

[5] 唐加军. 中美大学生创业教育比较研究 [D]. 四川师范大学，2011.

[6] 夏文韬. 中小企业创业机会识别与评价 [D]. 四川师范大学，2009.

[7] 杨蕾. 基于经典模型的机会型创业机会研究 [D]. 合肥工业大学，2008.

（四）网站

[1] 百度百科. 简·库姆 [EB/OL]. [2014-03-05]. http://baike.baidu.com/link?url=GL2BJ-yQ_HyAxI6JWms_DfSpVclSNIOudDcWFbKGMXeJtxgMzdXmLqeRuhhZa9hT VWdAfWtBk4HZ8hIeoBcJ.

[2] 百度百科. 马克·扎克伯格 [EB/OL]. [2014-03-05]. http://baike.baidu.com/view/1299586.htm.

[3] 人民网. [EB/OL]. [2013-06-12]. http://www.people.com.cn/GB/channel5/569/20000529/81212.htm.

［4］上海市大学生科技创业基金会．［EB/OL］．http：//www. stefg. org：2013－06－11.

［5］中国经济网．日本再生战略——应对变化，培育新产业与新市场（三）［EB/OL］．［2014－03－06］．http：//intl. ce. cn/specials/zxgjzh/201208/29/t20120829＿23631503. shtml.

［6］中国教育网［EB/OL］．［2013－06－11］．http：//www. edu. cn/gao＿jiao＿news＿367/20111227/t20111227＿723530. shtml.

后 记

为培养和提升大学生的创新创业能力,四川大学国家大学科技园联合学校团委、教务处、招生就业处等相关部门,从2010年起利用每年暑假,连续举办了五期大学生创业操盘实践活动;从2012年起,又在本科生中开设了"大学生创业概论"校级公共选修课。这本《大学生创业概论》就是在总结前期创业课堂教学和实践教育工作的基础上形成的。

本书由曹玉蓉、陈丽莉、刘若冰共同研究撰写写作提纲和写作体例,曹玉蓉负责撰写第一章,陈丽莉负责撰写第二、三、四、五章,刘若冰负责撰写第六、七章。陈丽莉、刘若冰负责书稿的修改和统稿工作。

本书的出版得到了四川大学校长助理兼招生就业处处长李蓉军研究员、教务处处长张红伟教授、校团委徐海鑫书记、四川大学出版社社长熊瑜教授、副社长李天燕研究员、四川大学国家大学科技园赵虹总经理的帮助和支持。中共四川大学党委副书记李向成教授在百忙之中抽出时间欣然为本书作序,在此一并致以衷心的感谢!

本书撰写过程中,四川大学公共管理学院的杨巧云、林曦、李弘彧、沈春会、刘彩云、胡卉、白超群、蔡卓君等同学参加了资料查阅和整理工作,特此说明并致谢!

受能力和水平所限,本书的缺点和错误在所难免,敬请广大读者和专家批评指正。

编 者
2015年2月